이성렬 시·산문집

자정의 이물감

달을쏘다 시에세이 002

자정의 이물감

달을쏘다 시에세이 002

초판 1쇄 인쇄 | 2024년 10월 15일
초판 1쇄 발행 | 2024년 10월 20일

지은이　이성렬
펴낸이　문정영
펴낸곳　도서출판 달을쏘다
편집위원　이혜미, 정현우
등록번호　제2019-000003호
등록일자　2019년 1월 10일
주소　03131 서울특별시 종로구 율곡로 6길 36. 월드오피스텔 1102호
전화　02-764-8722, 010-8894-8722
전자우편　poemmtss@naver.com

ISBN 979-11-92379-16-6 (03810) 종이책
ISBN 979-11-92379-17-3 (05810) 전자책

값 15,000원

- 이 책은 전부 또는 일부 내용을 재사용하려면 반드시 저작권자와 도서출판 달을쏘다의 동의를 받아야 합니다.
- 이 책은 교보문고와 연계하여 전자북으로 발간되었습니다.
- 본문 페이지에서 한 연이 첫 번째 행에서 시작될 때에는 〈 표기를 합니다.
- 저자의 의도에 따라 작품의 보조 동사와 합성 명사는 띄어쓰기가 달라질 수 있습니다.

이성렬 시·산문집

자정의 이물감

작가의 말

나의 단정들은 너무 검고 평평하다.
나의 초라함에 대해 그 무엇에게도 불평하지 않는다.
도처에 입 벌린 공중 맨홀들, 서둘러 사라지는 행성들의 뒤통수.
스치는 사물들의 궤적에 고인 그늘을 어찌하랴.
어두운 대기에 입 맞춘, 짧고 쓰디쓴 기억만을 여기 남길 뿐.

차례

I

오, 시간의 은밀한 책략	13
각설탕	14
잠자에게	16
내 머그잔에 갇힌 아홉 명의 에스키모	18
환상의 책	20
K市 체류기	22
갈랫길에 대한 스트레인질러브 박사의 회상	24
식물의 사생활 2	26
식물의 사생활 3	27
암전(暗轉)	28
치정(癡情)에 대하여	30
사망유희	31
플랑크톤	32
샴페인	34
자연발생주의자 A 씨의 실종에 대한 보고서	36
일상다반사	37
간절하지 않다면	38
블루클럽	39
블랙 코미디	40

유령 6	42
페미니스트	43
벽 속의 서자	45
친절한 맥도널드 씨	48
중세의 가을	51

II

내 시는 흩어진 편린일 뿐	57
근황 2	58
식물의 사생활 4	59
지상 근무	60
측량도 없이 원망도 없이	61
아기돼지 갈빗살에 대한 몽상	64
우울과 몽상 4	66
흔해빠진 인과율	69
잠복근무	72
행적들	73
자정의 이물감	75
기린여관	77

카라뷰티랩	78
암전 2	80
시간연습 3	82
유령 8	84
유령 10	85
기획자 -기술자	87
겨울의 진흙빛 음영	89
행적 -낮	91
식물의 사생활 8	92
비타민이 떨어졌다	93
밤의 향연	95
시간여행자	97

Ⅲ

펭귄에 대한 부당한 처우에 관하여	103
여배우 자연발화사건	104
행적 -유령작가들	105
L과 함께 걷다	108
자각몽	110

K市 체류기 −超중력에 대한 보고서　　　　　　112

조율 −발가벗은 그녀가 계단을 내려오며 분신술을 시연한 것은　　114

저녁의 근거　　　　　　116

나의 절친 유령　　　　　　117

루비콘강에 내리는 유성우　　　　　　120

행적 −유리벽　　　　　　123

'이그지스트'라는 말을 찬찬히 발음할 때 드러나는 건　　125

호수와 사막 사이에　　　　　　126

6월의 응혈　　　　　　128

행적 −폐가　　　　　　129

한편, K가 절벽에서 비박하는 사이 도시에서는　　131

이 오랜 슬픔들의 끝없는 생몰이라니　　　　　　132

K市 체류기 −에필로그　　　　　　133

소리 없이 나의 어둠에 닿은 화물열차　　　　　　134

낙원에서의 첫 에피소드　　　　　　135

나는 증인이 되고 싶지 않아　　　　　　138

낙원에서의 두 번째 에피소드　　　　　　141

흔(痕)　　　　　　143

매혹　　　　　　145

산문 「시인의 촉」

시의 〈재미〉를 생각한다	149
이름들	158
유령들	167
더블린의 국내 망명자	173
증오의 사회학	180
진실과 허상의 행간: 사채업자의 엄중함에 대하여	187
사회생물학과 애인의 인체해부도	193
시와 정치, 시의 정치	203
윤휴와 마스크의 정치학	212
난장이가 보내온 작은 기억들	220
〈자유〉의 허실에 대한 몇 토막의 명상: 아미쉬, 자유민주주의, 검은 섬	228
프라하의 종소리와 중세의 가을	237
뻬흐 라쉐즈, 혁명과 망각의 도시	246
나는 잘못 생겨났다	253
고독을 발명하다	264

I

오, 시간의 은밀한 책략

 늦은 밤 창밖을 지나는 전철 불빛들의 무거운 허리를 철로 이음매 사이 공중에 번쩍번쩍 띄우는 시간의 목마, 오래전에 자살한 여자 시인의 독백을 토닥이는 교묘한 손길, 역적을 국문하는 자리에 찬바람 몰아쳐 병든 눈이 눈물 흘린 죄로 참형 당한 유생의 부서진 무릎을 안경알에 되살리는 질긴 시력과, 배반한 애인을 처형시킨 후 죽음의 침상에 눕기 전 열다섯 시간을 서 있었다는, 어느 나라 여왕의 종아리에 새로 돋은 비장한 정맥…을 닮은 쫄면을 돌돌 말아 먹는, 그녀의 목에 중력보다 몇만 배 강한 연동운동을 작용하는 시간의 셈법과, 옛 영화의 마지막 장면, 고승이 떠난 길가에 돌탑을 완성한 사미승의 마지막 숨결을 거두어 준 뒤, 잔치 끝난 보리수 아래에서 배고픈 그늘들의 몸을 부스스… 일으키는

각설탕

그 성채의 설계자는 바벨탑을 염두에 두지는 않은 듯하여, 천국을 향해 층층이 쌓아 올리는 공법 대신, 허공에 중심을 띄우고 사방으로 방을 무한히 복제해 나갔다.

모든 색상을 반사하여 눈부시게 빛나는 성곽의 입구는 보이지 않으며, 순백으로 탈색된 자에게만 열린다. 회색 심장을 가진 고독한 소설가가 성채 주변을 맴돌다가 절망한 적이 있다.

스스로 성을 떠난 주민은 한 명도 없었는데, 그것은 다디단 벽 때문. 아름다운 여름날, 외벽에는 물방울이 맺히는데, 눈을 가린 꽃의 요정들이 발코니로 삼아 소야곡을 부르기도 한다.

어디에도 거울이 없어, 만년에 비극적인 사상을 품은 화가는 조소하는 자화상을 순전히 상상으로 그렸다.

미로 깊숙한 곳, 안개의 방은 간혹 누군가의 통곡의 벽이 되는데, 그 내력을 기록하는 일은 금지되어

불순한 호흡을 멈추는 울트라스위트 가스실에서 누군가 내지른 비명은 즉시 소음으로 처리되었다.
〈

서재를 빠져나온 철학자가 방황한 후, 생각하는 자세의 미이라로 백 년 만에 복도에서 발견되기도 하는

그곳, 일생 동안 말없이 망원경을 들여다본 천문대장은 Sagittarius B2*에서 고당분의 벽돌들을 감지했는데, 머지않아 그 성운에 주민이 출현할 것임을 예측한 후 다시 입을 닫았다.

* Sagittarius B2 성운에서 당(糖) 분자가 발견됨(Astrophysical Journal, 2008.9.20.)

잠자*에게

아침에 깨어나면 관절마다 상처들이 돋아났다.

무엇을 보려고 광야에 나갔더냐 바람에 흔들리는 갈대냐**

요즘도 풍경들의 습관적인 원근법에 안도하는지.

달력에 적힌 순서대로 일어나는 해돋이가 참으로 신기하지 않은가.

분주한 세상을 일별하며 천천히 사라지는 안개가 기특하지 않은가.

사람들은 네가 빗속의 촛불처럼 사라지기를 원하지.

누구는 옆구리를 문지르면 손쉽게 인간으로 되돌아가곤 하던데.

가위 소리에 숨은 절단의 순간은 늘 두려워.

잠들기 전에 다리의 개수를 정확히 세어놔야겠지.

더듬이가 이마에 단단히 박혀 있는지 확인해야겠지.

가장 멋지게 사라지는 법을 연구해 달라고 사학자에게 청하였건만 아무런 소식이 없구나.

〈이 너머는 용(龍)의 나라〉라고 지도 귀퉁이에 적을 수밖에 없는 지리학자의 슬픔을 알겠지.

전장에서 교인끼리 총부리를 맞대게 되면 어떻게 할지 곰곰 생각하는 너는

폭죽처럼 네 안에 솟아오르는 비웃음을 참느라 자주 껍질을 벗느냐.

부디 행복하기를. 이 우울한 행성에서

수많은 손발로 연인을 껴안으며 번성하기를.

* 프란츠 카프카의 소설 『변신』의 주인공
** 성경에서 인용

내 머그잔에 갇힌 아홉 명의 에스키모

언젠가 말을 걸어올 거라 생각했지만, 이 새벽에 음산한 휘파람으로 깨울 건 뭔가, 그저 창밖을 스치는 바람소리로 치부했다면 다시 수백 년을 그곳에서 잠들 것인가

어느 시대, 어떤 모략에 의해 그곳에 박혀 있는가, 남쪽으로 끝까지 찾아가면 다시 추운 곳에 이른다는 걸 알아챈 건가

짙은 안개에 묶여 얼음 위에 누운 망자들의 발자국을 떠서 불을 지펴 발을 녹인 후, 눈보라가 없는 그곳으로 뚜벅뚜벅 걸어 들어갔던가

주어진 보폭보다 훨씬 격한 몸부림 끝에, 세습으로만 얻을 수 있는 체온에 절망하여 늙은 부레처럼 지쳐갔는지

썰매와 개들을 모두 보낸 후, 낚싯줄을 놓아버린 두 손을 주머니에 찔러 넣은 채 보이지 않는 바깥을 물끄러미 향할 뿐

주름 한 점 없는 밝은 땅에서 평온한가, 어떤 토템도 더 이상 세우지 않는 그대들은 진실로 온유한가

명암이 바뀌지 않는 벌판에서 이윽고 순결한 것인가, 더 이상 일용할 양식이 필요 없는 그곳

〈

　바람 한 점 없는 곳에서 표정을 잃은, 그대들이 벗어버린 짐승의 가죽은 어떠한가, 늘 정처 없이 칼날을 세우는 이곳의 삶은 마땅한가

　그대들은 빙하처럼 종내 말이 없다, 내 고단한 눈길이 어둠을 가로지를 때까지, 뜨거운 손짓을 쉬일 때까지

환상의 책

그 책을 처음 만난 곳은 오래전 친척집 일본식 벽장이었다.

반쯤 뜯겨나간, 베옷이 드러난 누런 미이라의 품을 희미한 빛으로 들추었을 때, 어두운 발자국과 함께 누군가 심어놓은 시간의 비늘들이 후두둑 떨어졌다.

두 번째는 종로서적, 어스름한 눈밭에서 일가족이 헤어지는 표지를 배경으로 녹슨 철길들이 저벅저벅 걸어 나왔다.

—라리사 페오도로브나여, 곧 따라갈 것이니 역에서 기다리라는 그의 말을 진정으로 믿었던가.

장마가 시작되는 음악감상실 르네상스에서 사흘째, 마태수난곡 끝머리에 주인공의 검은 시편들이 황혼 속으로 잠겨들었다.

—험한 봄길에 망연히 서 있는 햄릿. 8월의 결혼식과 우화(寓話). 백야.

침침한 프라하의 중고서점, 작가의 검은 핏줄은 온통 쐐기풀로 뒤덮였다.

어느 해, 이삿짐 더미에서 종일 비를 맞은 후, 그 책은 온몸이 뒤틀린 자세로 몇 년을 책장에 선 채로 잠들었다.

⟨

그즈음, 사람들은 밀란 쿤데라의 〈참을 수 없는 존재의 가벼움〉, 제목을 탐닉했다.

우랄산맥 상공을 5분 만에 건너며 어느 시인이 종반부 〈숲속의 동지들〉의 반 페이지를 읽었다.

밀레니엄 버그가 박멸될 무렵, 赤포도주가 白포도주를 물리쳤다.

에필로그 : 아주 오랜 후, 더 이상 혁명을 말하지 않는 시대. 그 책의 탈색된 표지에 누군가 우연히 술을 엎지르고, 문득 숨겨져 있던 지도가 나타난다 − 낯선 도시의 윤곽을 펼치며.

K市 체류기
– 꽃잎 카덴차

  그곳의 집들은 꽃잎벽돌로 지어졌다
  거대한 꽃잎하늘 아래를 날아다니는 새들은 꽃잎날개를 쉬지 않고 펄럭여 푸른빛을 만들어냈고
  온몸을 꽃잎피부로 뒤덮은 고래들은 부단히 헤엄치며 넘실거리는 꽃잎파도를 제작했다

  그곳의 꽃잎고막은 소리의 진위에 무감하여, 멜로디 없는 무도곡이 시민의 걸음을 지도했다
  바람은 꽃잎창문들을 흔들지 않도록 발굽을 들고 다녔으며
  흐린 날에는 꽃잎구름이 명랑한 꽃잎빗방울들을 뿌렸다

  겨울이 찾아오지 않는 그 마을의 여인들은 한가한 꽃잎벽난로를 닦거나 재생되지 않는 꽃잎손톱을 정성스레 다듬었다
  일생에 한 개씩만 허용되는 꽃잎그릇을 아끼려 최소한의 음식을 조리하였다

  꽃잎침대에서 몸을 뒤척이는 것은 금지되어 사람들은 죽은 듯 잠을 잤고
  꽃잎무덤에 묻힌 죽은 자들은 대성당의 꽃잎종루에서 흘러내리는 자애로운 종소리에 감사하여 밤낮없이 기도하였다
  〈

마을을 가로지르는 강의 상류에서는 연어들이 꽃잎지느러미를 끊임없이 움직이며 물을 내려보내어
유유히 떠다니는 꽃잎돛단배 위 현자들은 백지의 꽃잎책을 읽으며 꽃잎술잔을 기울였다

모든 길은 꽃잎블록으로 포장되었다
마차들의 바퀴에 차도가 손상되면 나귀의 등에 앉은 꽃잎안장을 벗겨서 즉시 보수했는데
그 아래 붉은 상처를 보인 짐승은 꽃잎밧줄로 도살되었다

그곳의 율법은 매우 관대하였다, 다만
지난 생을 후회하는 망자는 꽃잎수의를 벗긴 채 이웃 겨울나라로 추방되었고
새로운 희망을 품는 자는 검은 꽃잎수레에 실려, 죽지 않는 뿌리 아래 썩지 않는 거름으로 던져졌으며
누군가 눈물을 흘리면 꽃잎각막이 툭, 떨어져 나가 영원히 시력을 잃게 되곤 했다

갈랫길에 대한 스트레인질러브 박사의 회상

그 고독한 물리학자가 처음 아이디어를 얻은 것은 어린 시절에 읽은 프로스트의 시 「가지 않은 길」이었는데, 시인은 왜 두 길을 동시에 가지 않았을까, 라는 엉뚱한 생각이었다.

뛰어난 재능, 담대한 야망을 가진 스트레인질러브 박사의 불우한 가족사는 재앙이었다. 가족을 부양하느라 한때 대학을 중퇴, 지도교수의 추천으로 근근이 학업을 마친 그의 눈에 세상은 온갖 슬픔과 상처로 가득했다.

갈랫길에 대해 깊이 생각하게 된 동기는, 독약과 함께 상자 안에 놓인 고양이에 대한 유명한 책*이었다.

〈뚜껑을 열기 전의 고양이는 삶과 죽음이 겹쳐진 상태이고, 개봉하는 순간 죽었든지 살아 있든지, 한 가지만 선택된다〉는 정설에 그는 동의하지 않았는데

이쪽 세상에서는 죽지만, 살아 있는 고양이의 세상이 동시에 생겨난다는, 갈랫길 이론을 확신하기에 이르렀다.

고된 연구 끝에 논문을 발표했으나, 이 독창적인 학설을 학계는 받아들이기를 거부, 그는 철저히 소외되었다. 학문에 흥미를 잃은 스트레인질러브 박사는 대학을 사직한 후 공상과학소설을 집필하며 소일했다.

〈

 이후, 그의 인생은 더 이상 고통스럽지 않았다. 아내의 때 이른 죽음에도 슬프지 않았는데, 다른 길로 간 그의 늙은 분신이 아카풀코 해변에서 아내와 다정히 선탠을 하는 장면을 즐길 수 있었기 때문이었다.

 미치광이 핵물리학자 역의 배우를 찾던 거장 감독의 제안을 스트레인질러브 박사는 받아들였다. 영화**의 마지막 장면, 도시 상공에서 원자폭탄을 끌어안은 박사는 폭발의 그 순간, 불발된 폭탄이 고철로 처리되는 세상이 다른 길로 열리는 것을 분명히 보았다.

 그러나, 슬픔과 기쁨이 모두 부질없음을 만년에 깨달은 그는 수많은 갈랫길에 흩어진 그의 분신들을 모두 불러 모아, 망각의 강으로 향하는 단 하나의 검은 길을 따라 걸으며 생을 마쳤다.

 * 『슈레딩거의 고양이』
 ** 스탠리 큐브릭, 〈Dr. Strangelove or: How I learned to stop worrying and love the Bomb〉

식물의 사생활* 2

  고생물의 변이에 정통한 화석병리학자 P 교수는 희귀하고 흥미로운 화석, 예를 들면 철갑으로 무장한 오징어, 네 다리를 갖춘 앵무조개 등을 발굴하여 명성을 얻었다. 어느 해부터 그는 실험실에 은둔하며 삼첩기에서 백악기까지 살았던 어떤 종의 특이한 기형에 골몰했는데, 먹이사슬에서 벗어나 오로지 물, 빛, 공기로만 살고자 원했던 작은 몸집의 공룡이 존재했음을 확신하였다. 무수한 퇴화를 반복한 후, 세포 안에 엽록소를 심어 식물이 된 이 파충류의 뇌가 호두열매로 살아남았음을. 사후 도서관에 기증된 식물도감 한쪽, 호두나무 그림 곁에 라틴어로 급히 휘갈긴 P 교수의 기록은 그러나, 식물의 이빨에 사로잡힌 후대의 학자에 의해 발견된 후, 정원에 무성한 파리지옥** 아래 조각조각 찢기어 묻혔다.

* 데이비드 애튼보로, 〈The private life of plants〉에서 제목을 가져옴
** 곤충을 잡아먹는 식물의 일종

식물의 사생활 3
- 튤립광란(Tulipomania)에 대한 보고서

중앙아시아 톈산산맥이 원산지인 튤립은 키가 작고 수수한 빛깔이었지만, 무수한 교배 끝에 아름다운 형상을 갖추게 되었다. 17세기의 기이한 사건을 경제사학자들은 광적 투기열풍이라 규정하는데 당시의 식물학자 집안에 전해오는 얘기에 의하면, 인간에 대해 강렬한 호기심을 가진 종이 우연히 생겨났다는 것. 할렘 시의 한 화단에 군집한 〈셈페르 아우구스투스〉라는 이름의 튤립들이 어느 날 강력한 페로몬을 생산하기 시작했다. 나날의 노고에 지친 사람들이 사랑의 묘약에 취해 선물시장에서 미친 듯 수매, 한 송이의 교환가치가 암스테르담 보트하우스 값에 이르렀다. 낙심한 꽃들이 푸른 잎맥을 지우며 페로몬 공급을 중지하자 튤립 값은 대폭락, 수많은 가계가 파산하였다. 셈페르 아우구스투스는 세상에서 자취를 감추었고, 이후 식물은 나침반성좌의 행적을 좇아 인간사에 발길을 끊었다.

암전(暗轉)

1
저녁의 라디오를 끄고 나선 퇴근길, 갈 곳 없는 그림자가 쫓아 나왔다
복도에 우두커니 앉은 고양이, 침묵에 익숙한 그 눈동자는 외면했다
짙은 화장의 바비인형과 함께 승강기를 타고 내려온 지하도시에서 누군가 음산한 휘파람을 불었다
겨울나무 잎사귀처럼 새들은 암울한 날에 희망의 노래를 부르네*, 거리는 명랑한 지푸라기들의 축제
불붙은 심장의 스테인레스 타조 직장(直腸)에서 날렵한 체형의 부싯돌들이 튀어나오고 있다

2
어두운 방, 창백한 벽, 느린 몸짓의 분신이 베란다에 기대어 있다
창밖에 비늘구름이 네온사인처럼 걸리고, 페라리에 정액을 가득 채워 질주하는 팔팔한 허수아비와 콧날을 오똑 세운 밀랍 마네킹
화면 밖으로 성급히 걸어 나오는 말러의 음표들, 순식간에 피고 지는 치자꽃송이
황무지의 나비들이 새의 눈시울을 찍어 소금을 먹고 있다
누군가 부릅뜬 눈으로 우두둑 관절을 맞추며 지하계단을 오른다

3
내가 잠든 사이, 수 세기 후의 배우는 제후의 보행법을 연습하고, 옛

궁정의 앵무새가 역모의 대사를 외우며 밤을 지샌다
   캄캄한 바다 밑, 포유류의 뼈무더기에서 깨어나는 포경선의 돛
   극락조 성좌의 마지막 고해소에서 사제는 변질한 지문들을 중수(重水)로 지운다
   웃으며 썩어가는[**] 그대의 잿빛 입술에 키스할 때에
   뿌리 마른 가로수들이 고생대의 탄소알갱이들을 뿌리고 있다

[*] Don McLean, 「Winterwood」
[**] 김소연의 시구

치정(癡情)에 대하여

아내를 모자로 착각했다던가*
예쁜 아내를 모자에 넣고 다녔다던가
어떤 신사는 사랑스런 그녀의
목젖을 탁본하여 삶아 먹었다지
허파 깊이 그녀의 목소리로 숨 쉰다지

어느 착한 시인은 달아난 애인의
양말을 지갑 속에 간직한다는데
밤낮없이 두들겨 패던 남편의
이름을 부르며 폰팅 전화를 붙들고
징징대는 여배우가 있다는데

순한 영혼을 고해소에 밀어 넣는
광포한 육신의 다정한 채찍이라던가
죽음처럼 평안한 잠에서 깨어나
뜨거운 꽹과리를 매일 아침 물 위로
건져 올리는 수평선의 눈먼 순정이라던가

* 올리버 삭스, 『The man who mistook his wife for a hat』

사망유희*

그 마임 배우는 죽음에 매료되어 있었다. 검은 상복을 전신에 페인트 칠한 채 하루도 쉬지 않고 거리에서 시체놀이를 공연했는데, 어느 겨울날 진정한 주검으로 그 자리에 말뚝박기를 결심하였다. 하룻밤의 화끈한 고별식을 위해 돈을 모은 그는, 공원에서 동사한 행려병자에게 그의 형상을 카피하여 대역을 마련하였다. 연미복 차림으로 도시 곳곳, 홍등가 여자들에게 휘파람 불고, 호텔 바에서 데낄라도 마셨다. 그의 완벽한 알리바이는 그러나, 너무 리얼한 마임에 감동한 관객이 시체의 손에 지폐를 쥐여주려다 넘어뜨리는 바람에 탄로 났다. 무인카메라에 잡힌 배우의 체형과 사체를 정밀 대조한 형사반장은 즉시 수배령을 내렸으나, 그날 밤 사랑을 만난 배우는 휘파람을 불며 거리를 떠난 뒤였다.

― 〈현장감식반: 뉴욕(CSI: NY)〉의 사건을 변주함

* 이소룡의 옛 무협영화

플랑크톤

1

보수주의자인 중앙 일간지 A 논설위원은 역저『플랑크톤』을 펴낸다. 플랑크톤은 자신의 생존을 위할 뿐; 양분을 찾아 이동하는 그들을 단죄할 수 없음을 주장하며, 인간은 어느 시점에서 공통의 이익을 위하여 연대한 수많은 플랑크톤의 집합일 뿐임을 피력한다. 베스트셀러 저자가 된 이후 A 씨는 방송에 자주 출연하는데; 보수주의자들은 인간세계를 서로 먹고 먹히는 동물의 왕국으로 인식하기 때문에, 이들에게는 죄를 묻기가 어려움을 강조하여; 범죄는 주로 가치와 윤리를 숭상하는 진보주의자들의 위선과 기만, 일탈로부터 발생한다고 역설한다.

2

100% 승률의 변호사 B는 학부 철학과 출신. 니체의『선악의 피안을 넘어서』를 탐독하며, 포스트모더니즘적 상대주의와 아인슈타인의 상대성이론을 거론하여 강력범들을 방어한다. 금욕주의자인 재판장은 〈오 여인이여, 내장 덩어리여〉*라는 랭보의 싯귀를 인용, 호색한인 B를 힐난했는데; 플랑크톤들이 아름다운 형상으로 축조한 존재를 탐하는 게 무슨 죄가 되는지? B 율사는 반문한다. 범행을 극도로 치밀하게 계획·실행하여 살해의 순간을 만끽하는 연쇄살인범이 니체의 철학: 선악을 초월한 〈Say Yes to Life!〉에 가장 합당한 인물임을 입증하려 고뇌한다.

3

강력계 형사 C는 수많은 사건들을 해결한 베테랑 수사관. 독실한 카톨릭 신자인 그는 범법자들을 처벌하는 것이 지상에 천국을 세우는 유일한 방법임을 확신했다. 그러나 『플랑크톤』이 공전의 히트를 친 이후; 살인·강간범을 심문하며 범행 동기를 묻는 순간, 수십조 개의 플랑크톤 덩어리가 되어 침묵하는 범인 앞에서 그는 할 말을 잃는다. 물속을 떠도는 해파리의 형상으로, 질량을 잃고 공중을 부유하는 단세포들의 뭉치 앞에서 그는 무력하다. 형사로서 더 이상의 임무가 없음을 감지한 후 C 계장은 귀향, 석화양식장 관리자로 재취업했다.

* 「자애로운 자매」

샴페인

그날 밤 소비될 축복을 계산한 후
도열한 샴페인에게 훈시하는
연미복 차림의 대형
거참 쓸쓸한 오후네, 제군들
저녁을 빛낼 준비는 돼 있는가?

우울한 구도자였던 그가
축하합니다, 인사를 건네 보았자
사방에서 수상한 눈초리를 불러왔을 뿐
그리하여, 밝은 세상을 유랑했다

눈부신 파도를 헤치고
대양 끝까지 나아갔을 때
샴페인 병 안벽에 부딪혔다
육중한 출구를 열려 했을 때
어디에선가 음성이 울렸다
〈그 안에서만 평강하네〉

그리하여, 샴페인 대형은 노래한다
하루 수금을 끝낸 후
금단추를 잠그는 햇살을 배웅하며

—샴페인은 과묵한 사관생도
—코르크가 뽑힐 때의 우렁찬
—구령을 단련한다네

샴페인 행렬이 지나가면
시든 꽃들이 되살아났고
검은 옷은 모두 채색되었다
주민들은 입을 모아 찬양했다

—더 이상 슬픔은 없지
—샴페인 행진을 환영하려
—매일 밤 목이 쉬네

반짝이는 금시계를 만지며
오늘도 그는 검열하는 것이다
자랑스런 그대들이여,
겨울을 빛낼 준비가 돼 있는가?

자연발생주의자 A 씨의 실종에 대한 보고서

갓난아기로 길에 버려진 그는 술에 취하면 어릴 적 얘기를 가끔 비추었는데, 콩나물을 키우는 소경 노인에 빌붙어 살았다고 했다. 완벽하게 밀폐된 방에서 날파리가 생겨나는 것을 관찰한 후 기행(奇行)을 시작했는데, 예를 들면 오븐 안에서 식은땀을 흘리며 명상하는 통닭이 홰를 치며 되살아날 때까지 부채질을 한다거나, 책갈피에서 싹이 나올 때까지 물에 담가 놓곤 했는데, 늘 심드렁했다. 끊임없이 여자와 직업을 바꾼 그 아마추어 생물학자는 목숨이 기어 나오는 곳을 찾으러 온 세상을 편력했는데, 아마도 화성과 금성 사이 보이지 않는 구멍일 거라고 결론지었고, 때가 되면 풍선껌을 푸푸 불며 돌아가겠다고 말했다. 그러던 어느 날, 나일악어의 눈을 우연히 들여다보았는데, 강렬한 햇빛에 싸늘한 양날을 세우는, 그의 정수리를 정확히 겨냥한 검은 비수를 발견하고는, 사흘 동안 식음을 폐하고 열흘 동안 통곡한 후 어디론가 사라졌다.

일상다반사
- 12월의 꿈속은

짓궂은 낙타가 모래를 뿌리며 충무로 네거리를
활보하여, 다음 날 아침에는 가는 싸락눈이 명징한
손톱으로 낮은 집들의 굳은 양철 고막을 깨운다.
날개를 떼어낸 후 고치 속으로 기어드는 나비의
파리한 겹눈을 비껴보며, 조증(躁症)의 시인을 닮은
박새가 생의 밑바닥에 한 무더기 색색의 작은
종이학들을 묻어놓고는, 언젠가 지구를 구원할
명왕성을 향해 푸른 노래를 우짖는다. 속주머니에
몇 주일 간직했던 볼펜 속의 잉크가 줄줄이
빠져나와, 수첩에 〈깊이. 새로이.〉라고 또박또박
적어 놓고 좁은 골목으로 돌아가 창을 닫는다.
12월의 꿈에는 검은 수맥이 주문을 끓어낸 뒤
세찬 인연의 결을 따라 먼바다에 가만히 닿으며
심해에 내려온 해시계를 물살에 연마해 부레로
장착한 물고기가 떠올라 투명한 겨울 하늘을
오랫동안 들여다본다. 따뜻한 초록빛 소매가
고독한 회랑에 걸린 프란시스 베이컨의 그림 속
고깃덩어리에 육탈한 속죄양의 외투를 입혀주고는
모든 출생의 비밀들을 찾아 되돌아가는 동짓날에

간절하지 않다면

이곳에 오랴,
을지로 인쇄골목에서 공판 타자기를 두들기던 손톱에 새겨진 수정액의 푸른 막
이태리양복점 사장이 낮술에 취하여 흥얼거리는 불나비 노랫가락과
자정 너머 잿빛 풍경 위에 드러난 이발소 회전표지판의 동맥, 정맥이.

이곳에 머물랴,
행성 명단에서 지워진 후에도 추운 궤도를 묵묵히 구보하는 명왕성
헬멧을 쓰고 뻘밭을 기어 우렁이를 잡는 우포 할머니 임봉준과
휴일 아침뉴스를 침묵으로 번역하는 수화(手話) 아나운서가.

간절하지 않다면 떠나랴,
서자 일지매를 남기고 독을 마시며 생을 끝낸 백매 입가의 핏자국
선녀담 깊은 물에 몸을 던진 후* 은막을 떠난 내 어린 날의 짝사랑 전영선과
스페이스바가 고장 난 PC에 쉽게 씌어진 시를 입력한 뒤, 내 죄스런 손이 말과 말 사이에 무수히 복사하여 넣은 빈칸들이.

간절하지 않다면.

* 영화 〈한네의 승천〉

블루클럽

    늦은 가을 저녁 어두운 골목을 지나는 나의 텅 빈 시선 끝에, 그곳은 심해에 내려진 어항처럼 홀연히 떠올랐다. 방파제 바깥을 응시하는 밍크고래의 매끄런 뱃살을 닮은 푸른 간판에 손을 대었을 때에 – 나의 동공에는 사막에 세운 조화의 두텁고 매끈한 이파리들이 부유하였다. 그 적막한 클럽 안에서는 반짝이는 은빛 도구들이 부딪는 차가운 소리만이 간간이 흘러나올 뿐, 비스듬한 의자들의 미간에는 표정이 없었다. 맞지 않는 틀니처럼 생경한 삶과 결별하고자 낯선 빛살로 가득한 그 해연에 내려앉으니, 빛나는 머리칼을 말끔히 빗어 넘긴 그곳의 과묵한 현자는 한 달 동안 자란 나의 미망을 무심히 잘라내어 바닥에 흩뿌릴 뿐 – 처음부터 다시 시작하고 싶다고 내가 고백하려 할 때에, 그는 나의 어깨를 툭툭, 두들긴 후 내 몸에 걸린 수도자의 푸른 도포를 냉정하게 거두었다. 안경을 벗기운 채로 몇 분 사이 거울 앞의 생을 가늠하려 한 나를, 아무런 실마리도 없이 – 다시 캄캄한 성간으로 돌려보내며.

블랙 코미디

요즘 내 삶의 대본은 검은 웃음들로 가득하다.

나이 든 영화감독의 거침없는 연애행각과 자유로운 영혼을
한 수 배우려 광화문 시네큐브를 찾아본, 물 건너 대륙의
황금의 1920년대를 배경으로 한 로맨스 영화 하일라이트에서

여러 풍상 끝에 사랑으로 맺어진 매혹적인 여인이
백만장자 숙부의 정부임을 알게 된 주인공은 탄식한다
〈인생은 잔인한 작가가 쓴 한 편의 코미디극이구나!〉

다난한 총체적 위기와 반목의 시절을 겨누어 화살촉에 꽂은,
〈외환 방어와 경제활성을 위해 국내에서 골프를 즐기시라〉는
위정자의 당부와, 〈골프장에서 담은 인증샷을 올리겠〉*다는
충복들의 화답은 또 얼마나 캄캄한 소극(笑劇)인가, 진실로

〈모히토에 가서 몰디브를 마신다〉는 신선한 개그보다
훨씬 돋보이지 않는가, 가가대소하다가 기진할 만큼이나.

내 여행지도는 우연한 기착점들의 가설 희극무대로 가득하다.

이 밤, 자정에 깨어 눈 비비며 보는 프랑스 영화**의 장면

철학자 쟝 솔 파르뜨르 씨의 지독히도 난삽한 강연에 보내는
명랑한 군중의 갈채는 얼마나 갸륵한가, 짠 눈물을 글썽이도록.

또한, 먼 나라의 사막을 행군하는 소년병들의 붉은 뺨은
얼마나 말랑하며, 온갖 악행을 일삼다가 마지막 고깃국
식판을 내팽개치고 울부짖으며 형장으로 끌려가는 연속극 속
악한의 최후에 박수 치는 나의 유치한 희열은 어떠한지.

최근 눈알과 목젖 주위의 근육이 슬슬 퇴행하고 있는 나는
가진 자들의 끈질긴 갑질, 경악할 청년실업과 치솟는 자살의
암울한 소식들에 얼어붙은 심장 판막을 손바닥으로 데우며

베케트의 3막 희비극이 펼쳐진 황야의 나무 한 그루를 이리저리
옮겨 심거나, 결코 오지 않을 누군가의 장화 밑창에 말라붙은
물결무늬를 찬찬히 뜯어보며, 너무 늦은 홍조(紅潮)와 함께 이생의
블랙 유머들을 검은 일기의 여백에 온통 채워 넣는 것이다.

* 노컷뉴스 2016. 9. 26.
** 〈Mood Indigo〉

유령 6

　유족의 오열은 잦아들었다. 모든 슬픔은 식은 화산재처럼 적막했다. 어차피 한 줌의 흙으로 남을 운명을 알면서도 그렇게 괴로웠던가… 누군가 탄식할 즈음 – 흰 얼굴, 흰 장갑, 흰 마스크, 스물 안팎의 여인은 소리 한 점 없는 유리창 저편에 소복으로 서 있었다. 지상의 온갖 색색 빛들을 다독이듯 말 없는 치마폭을 여미며. 키 큰 그녀가 긴 손목으로 고인의 뼈를 고분고분 빻아 유골함에 부었을 때, 은하계 저편 떠돌이 행성의 모래산이 해연을 향하여 움직이는 소리가 들려왔다. 어디선가 햇살에 숨은 별자리가 빛과 그림자의 교직을 말하려 했지만, 이곳에 남은 식구들의 마지막 눈물은 그녀의 내력을 묻지 않았다 – 적빈과 수모와 익명의 생에서 어찌하여 흑단 머릿결이 그토록 탐스러울 수 있는지, 여인의 옷섶에 잠긴 국화꽃송이만이 고개를 갸웃, 했다. 서쪽 노을에 무거워진 하늘이 창밖으로 조용히 내려앉을 때, 그녀의 손끝이 푸른 곡옥으로 빛나는 시간을 누구도 알지 못했다.

페미니스트

음대 졸업 후의 삶을 한탄하는 룸카페 여주인에 귀 기울여
나의 지난 25년간 누추한 직장 외톨이 고백으로 맞장구치거나

책방 서가에 자신의 책을 꽂아놓는 외로운 여자 시인을 기억하며
동네 찻집 책꽂이의 오래된 시집을 꺼내 읽거나

백화점 안내데스크에 분재처럼 앉은 비정규직 여직원에게
언젠가 오월의 장미꽃 한 다발을 건네는 몽상에 빠질 뿐

신인 시절의 뼈아픈 스캔들을 속속 잘 아는 자국 기자들의
인터뷰 요청을 외국영화제의 붉은 카펫 위에서 단칼에 거절하는
완숙한 톱스타 여배우의 풋풋한 초기 영화들을 챙겨 보거나

말리부 해변 언덕 손바닥 크기의 묘지 앞 앳된 여자의 사진에
시든 꽃을 갈아주는 젊은 그녀에게 몹시 쓸쓸한 미소를 보내거나
점점 사라져가는 에코백의 글자들처럼 눈길을 돌리거나

내 젊은 날의 술자리에서 만취한 채 옷을 벗어 던지고
유두를 잘라낸 가슴을 열어 보이던 가출 소녀 출신의 아가씨여
그때 나는 혼비백산했으나 겉으로는 짐짓 태연했으니
〈

낮은 중얼거림으로 겨우 돌려줄 수 있는 건

매장에 종일을 서 있는 여점원들의 시퍼런 정맥류에 돋는
차에 매달려가다가 팔을 잃은 70년대 버스안내양 영화
〈영자의 전성시대〉의 해피엔딩을 회상하는 일

지독한 가정학대에 여장차림으로 거리를 헤매는 소년*의
서투른 입술연지를 닦아줄 찬 빗줄기를 기다리는 일

* 황정은, 『야만적인 앨리스 씨』

벽 속의 서자

깊은 숲속의 사원, 이끼투성이 도마뱀이 머릿돌에 두 손을 모아 먼 종소리를 응시한다. 이것은 분류되지 않는 생물종의 이야기.

누군가의 발바닥에 뿌리가 자라고 있다는 소문이 흉흉한 바람에 실려 온다.

그는 대체로 밝은 사람, 아침 식탁에서 잘라낸 두부의 단면에서 절단된 단백질 사슬들이 손목을 맞잡는 광경에 흐뭇하다.

일과 중의 그는 쾌활한 영혼, 그의 고독과 사악한 위정자들 사이에 아무런 관련이 없음을 인정한다.

한낮의 그림자 – 그는 육체의 이차원 평면도를 응시한다. 정오의 햇살 아래 안간힘을 쓰며 일어나려는 욕망들을 향해 손거울의 빛살을 보낸다.

오래전, 절반이 잘려 나간 건물 3층 바깥으로 쏟아져 나오는 불빛 너머로 청년들이 당구에 골몰하는 정경 – 거리의 모든 소음을 차단한 빛의 따뜻한 양수막을 온몸으로 받아들인 이후, 세상의 대로와는 다른 길을 걷기 시작한다.

그가 서자로 태어난 기록은 어디에도 없다. 몹시 간절한 꽃가루 한 점이 낭만주의자인 어머니의 치마 속에서 착상하여 생겨났다는 말을 전해 들었을 뿐.

길에서 마주친 눈빛 형형한 도인이 그의 출생을 심히 꾸짖은 어느 날, 식물계에도 서자가 있는지 생물 선생님에게 질문한 적이 있다.

매일 꿈속에서 서자의 운명을 한탄하며 가슴을 쥐어뜯는다. 저물녘을 향하여 술잔을 기울이는 겨드랑이에 검은 잎들이 비치곤 한다. 동해안에 폭설이 내리는 날에는 허균의 생가 주위를 배회한다.

인간의 누추한 오욕에 가장 무관한 자연과학을 공부하고자 했으나, 고학으로 2년제 영상학부를 겨우 마친다. 산과 강변, 들판을 다니며 자연 다큐멘터리를 만드는 것으로 만족한다.

토막글을 가끔 끄적거리지만 시인이 되지는 않았다. 아름다운 문장보다는 아름다운 장면*을 더 사랑하기 때문에.
편 가르기가 피폐한 세상을 만든다는 확신으로 어느 조직에도 소속되기를 거부한다. 우연히 서점에서 읽은 다니엘 벨의 과감한 선언—경제에서는 사회주의자이고, 정치에서는 자유주의자이며, 문화에 대해서는 보수주의자이다—을 읽고 이 사회학자를 평생의 스승으로 모신다.

오랜 각고 끝에 그는 이메일 주소를 생성하는 프로그램을 완성한다. 컴컴한 동굴 속에 저장한 멋진 장면들을 계좌번호와 함께 무작위로 전송하면, 이에 감동한 이들이 보내주는 온정으로 그럭저럭 살아간다.

술을 마신 다음 날 아침에는 파울 클레의 명랑한 그림들을 보며 생의 리듬을 복구하려 한다. 하지만 밤에는 난자당한 채 접시에 누워 입을 벙긋거리는 물고기[**]를 회상하며 피가 나도록 발톱을 짧게 끊어낸다.

오늘 저녁에 도착한 빛이 지구를 돌며 다음날 동틀 무렵의 식은 희망을 되살려 주는지, 전속력으로 밤의 진공 속으로 돌아갈지, 그는 어두운 창을 열고 고개를 숙인다.

자정이 되면 단단한 지면과 화산으로 덮인 목성의 달 이오가 기체덩어리 행성 주위를 배회하는 이유를 곰곰 묵상하며 - 벽의 곁문을 열고 들어가, 수직으로 세워진 침대를 덩굴손으로 휘감으며 잠든다.

[*] 임경섭
[**] 파울 클레 『물고기의 주변』

친절한 맥도널드 씨

그날 늦은 저녁에 나는 한 시간을 기다려
반값 세일 트리플 오니언 버거를 구매했다
늘 우리의 위태로운 가계를 근심해 주는
로널드 맥도널드 씨의 후의에 감사하며

트리플 버거라는 이름의 이물감이라든가
매운맛이 제거되어 단맛으로만 남은 양파의
생경함 따위는 잊어버리고 이 순간, 세계의
〈낯설음〉이라는 현학과는 결사적으로 무관하게
〈Enjoy it!〉이라는 맥도널드 씨의 낙천에 기대어

굶은 강아지가 고구마 맛탕을 씹지도 않고 넘기듯
트리플 오니언 버거를 통째로 삼킬 듯한
그러나 목이 메인 나는 잠시 인내를 불러와
〈Misery_99〉라는 내 랩탑의 비밀을 풀고는

9년 동안 갈 곳을 몰라 천공을 떠도는, 누구의
빵이 될 수 없는 시집 원고를 들여다본다
소화기관의 천공으로 작고한 어느 가수의
〈문득 거울을 보니/ 자존심 하나가 남았네〉*
라는 중얼거림을 들으며 다시 목이 메인 나는

⟨
셋방을 간신히 면한 우리 가족이 신림동에서
환호했었던 학부 고학년 시절 처음으로 읽은
⟨잘못은 신에게도 있다⟩라는 단편이 수록된
아름다운 책을 꺼내어 본다. 그 후 오랫동안
침묵했었던 이 소설집의 저자에 비하면 나는
너무 많은 문장들을 쏟아 내었다고 자책하는데

⟨이 죽은 땅을 떠나… 달나라를⟩ 올려다보는
난쟁이의 낡은 공구들은 여전히 침울하다
그러니 나는 뜨거운 육교 위에 주저앉아
생애를 포기하는 젊은이에게 오백 원
동전 한 잎을 던지며 스스로를 위무할 뿐

트리플 오니언 버거를 완전히 소비한 나는
축축한 버거 포장지를 버리려다가
흰 종이와 알루미늄 박막이 따로 놀아 너덜거리는
귀퉁이를 주목한다. 그렇다면 이 순간 내가
겨우 감당할 수 있는, 세상을 향한 극소의
진실은 무엇인가? 빵을 감싼 은박지의 양면이
⟨

두 겹인 채로는 절대로 재생불능이어서
결코 화해할 수 없는 빈자와 가진 자 사이의
이질감처럼 머나먼 두 표층을 철저히 분리해야
양쪽 모두 지구를 구할 자원이 될 수 있다는
냉철한 자본가 로날드 맥도널드 씨의 차가운 선언에
평행한 철로처럼 마주보는 두 불투명 막을 난감한
자세로 천천히 떼어낼 수밖에 없었다는 것

* 〈민물장어의 꿈〉

중세의 가을[*]

체코의 남부 시골 마을 노베 흐라디의 황폐한 기차역에 내렸을 때, 기묘한 기시감에 사로잡혔다. 역사의 벽을 가득 채운 그라피티를 제외하면 왠지 그곳의 모든 사물들이 친숙하였다.

오스트리아행 마차를 기다리며 마을 소녀에게 두런두런 말을 건네던 희미한 기억이라든가, 새로운 필사본을 보내던 설렘의 순간들과 같은.

그 며칠 동안 몇 명의 전령들이 스쳐 갔다. 길을 잘못 들어 수도원과 반대 방향으로 뚜벅뚜벅 걸어가던 내 앞에 홀연히 나타난, 천사를 닮은 소년과 – 길 위에서 세 번이나 마주친 미상의 여인.

수도원 근처의 버스정거장에서 어슬렁거리며 나의 영어를 알아듣지 못한 그녀를, 나는 다음날 체스키 크르믈로프 성으로 떠나는 관광버스 창밖에서 다시 보았다. 그 여자는 늦가을의 빗줄기 속에서 이빨을 딱딱거리고 있었다.

중세의 형상을 그대로 간직한 수도원은 모텔조차 없는 궁벽한 마을의 유일한 숙소였다. 나는 3층의 객실에서 마을을 내다보며 정오의 종소리와 함께 깊은 명상에 잠기곤 했다.

세 번째 날, 홀에서 늦은 저녁식사를 마친 후 뒤편 복도 끝에 걸린, 옆구리에서 피를 철철 흘리는 예수의 초상을 마주하자 모든 것이 일시에 분명해졌다.

나는 소박한 삶을 살다가 소멸된 후 수많은 평행세계를 거친 끝에, 누군가의 운명과 교차하여 극동의 나라 서울 성수동에 잘못 태어난 것이다.

생겨난 순간부터 어찌하여 본국의 유교문화를 그토록 혐오했었는지, 외톨이 국내 망명자가 되어 고통스러운 삶을 살아왔는지를, 그 순간 모든 것이 이해되었다.

지난 가을날, 노래방에서 취한 누군가가 배리 매닐로우의 〈시월이 가면〉을 엉망으로 불렀을 때 왜 불현듯 유럽여행을 꿈꾸며 소름이 돋았는지.

아파트 단지에 끊임없이 울려 퍼지는 당일배송 이륜차들의 소음에 질식했는지, 지긋지긋한 본국 정치인들의 악다구니에 질려 뉴스를 끊게 되었는지를.

나는 기도와 노동과 내세에 대한 열망으로 가득한, 단순하며 행복한 삶을 살던 중세 보헤미아의 수도사이자 연금술사였던 것. 한밤중에는 몰래 외출하여 가난한 농부의 종부성사를 치르기도 했다.

〈

불과 얼음의 신비에 매혹된, 때때로 몰두한 연금술 연구는 이생에서의 유일한 일탈이었다 – 최초로 인의 푸르스름한 빛을 발견한 기록은 사후에 말소되었다.

기억, 기억들, 내 온몸에 피어나는 중세의 서리꽃들, 처마 밖으로 쏟아져 내리는 빗방울들의 그레고리오 성가. 그리고 부활절 아침 식탁 위, 훗날 혁명의 씨앗이었던 정갈한 계란들.

수도원의 작은 정원에 피어오르는 중세의 희망들과 작별한 후

프라하로 향하는 기차에서 세 번째 만난 여자 전령이 무심한 표정으로 체스키 부데요비치에 내렸을 때

누군가의 발목을 배회하는 시간의 숨결에 감광되어 붉어진 내 영혼의 뺨을 투명한 차창에 기대었다.

* 요한 하위징아의 책 제목을 가져옴

II

내 시는 흩어진 편린일 뿐

그물에 말라붙은 비늘에 언뜻 비치는 무지개의 흔적을 말할 뿐, 어둠 속에 잠든 귀뚜라미처럼 굳센 등뼈 하나 없는 자세로, 비에 젖는 밤기차의 기침소리와 개심사 대나무 숲이 이승을 향해 몸 굽히는 수런거림에 귀 기울일 뿐

쓸쓸한 극장들의 종아리를 때리는 빗줄기와, 그토록 간직하고자 했던 사진, 어릴 적 목욕탕 바닥에서 주워 모으던 형형색색의 비누조각들과, 둑방에 수없이 피었다 진 이름 모를 꽃들을 흑백으로 그리려 할 뿐

지상의 모두를 등진 채 떠 있는 내 곁을 무심히 지나던 작은 해파리의 몸짓, 주문진 저녁 해안을 떠돌며 아버지를 기다리는 어린 자매 돈자·돈숙의 긴 그림자, 경기도배학원 앞에서 낡은 피부를 뜯어내고 싶었던 열망을 기억하고자 하며

불 속에서 제 몸을 찢으며 따닥따닥 별들을 부르는 가시나무를 닮고 싶어 내가 숲 가에서 뚝뚝 관절 꺾던 소리를, 그대가 간직해 주기를 바랄 뿐

근황 2

무슨 소식이 있는지 물어온다면, 말한다
행성들이 아직은 별빛을 거절하지 않는다고
어떤 이는 벼락을 맞은 후 피아노狂이 되었고[*]
막장드라마에 저주를 퍼붓던 누구는
쇼펜하워의 염세론을 읽고 난 뒤에
사악한 여주인공을 찬찬히 이해하기 시작했다는데
홰홰 고개를 젓는 시계추가 더 이상 밉지 않다는데
그러나 모르지, 언제 지구의 맥박이 목숨을 건너뛰어
착한 물의 한쪽 가슴을 허물어뜨릴지

좋은 소식이 있었는지 묻는다면, 계절 내내
이주하는 나의 짐가방이 제법 서정적이라고 말한다
가을 상가(喪家)의 화투 치며 노는 웃음소리가
실은 사라짐을 기꺼워하는 고인의 것이라는데
이미 오래전에 배정된 여로의 중간기착지들을
수시로 바꾸는 지도 위 검은 점과 선들에게
물안개의 살갗을 사정없이 벗기는 차디찬 빗줄기에게
겨울 틈틈이 읽은 초월주의자의 잠언집은 종이날개
바람이 시지프스의 수의(壽衣)에 심은 보풀이라고

* 올리버 삭스, 『Musicophilia』

58

식물의 사생활 4

아마추어 박물학자 P 씨는 초록빛의 기원을 탐구하였다. 식물의 클로로필*이 태양광의 적색을 흡수, 그 보색인 청록이 드러난다는 정설을 일찍이 접하였으나 동의할 수 없었다. 안테나 형상의 클로로필 분자를 일생 동안 응시한 끝에, 그것이 대기의 떨림, 곧 음파를 잡아내는 기관임을 깨달았다. 포획된 곤충의 움직임을 감지하던 거미줄이 오래전 식물에 의해 수용되었으며, 복잡한 진화를 거쳐 미세한 귀가 되었다는 것. 그리하여, 무수한 식물 세포들이 세상의 몸부림치는 소리에 귀 기울인 후, 우주의 희귀한 초록빛이 이곳에 탄생했다는 것. P 씨의 사후 이 외로운 기록은 유실되었는데, 오랜 후 똑같은 길을 걸어 비밀의 화원으로 사라진 무명 시인이 한 편의 짧은 시로 전할 뿐이었다.

* 광합성에 관여하는 색소

지상 근무

이토록 다시 생겨나려는 것들을 어쩌랴.

삼월의 폭설 아래 야윈 얼굴을 내미는, 길가에 버려진 책
식은 찻잔 바닥에 말라붙은 흑설탕 결정들과
결국은 채워지는 빈자(貧者)들의 눈물샘

수천 년 만에 지상으로 내려온 난처한 표정의 성자가 화로 앞에 쪼그려 앉아
저물어가는 시장 골목을 물끄러미 바라보고 있다

이토록 다시 태어나려는 것들을 어쩌랴.

서랍 안에서 재기의 날을 기다리는 옛 지도의 붉은 도시 이름들
비구름에 새겨져 대지에 스며드는 도도새의 유전자와
부활을 꿈꾸는, 계란 노른자를 섞어 만든 러시아 정교 아이콘

승천하지 못한 천사가 주름투성이 목살을 펼치며 독방에서 긴 편지를 쓰고 있다

측량도 없이 원망도 없이

붉은 욕망의 구호들이 나날을 뜨겁게 달구던
즈음의 일입니다 나는 너무나 지치고 외로워
작고한 어느 화가의 추모제를 찾았는데요
거기서 그 바오밥나무를 보게 되었습니다
배경 스크린에 떠 있는 그 나무는 얼핏
산발한 작은 섬처럼 보였지만 뿌리를 보니
바오밥이었어요 나는 눈을 크게 뜨고
나무가 부유하는 진공 속을 지켜보았습니다
음악이 흐르고 화폭들이 천천히 지나가고
화가의 젊은 사진과 작고하기 직전의 모습들이
나무 곁을 맴돌았지요 모든 식욕을 비운 채로
그 순간 나도 먼 성간을 향해 떠올랐습니다
가난한 소년의 모친이 지상에 남긴 은수저 한 벌과
오전의 벤치에 우두커니 앉은 젊은 가장의 소매와
읽고 있던 소설 〈Beloved〉에 손을 흔들며
마치 오랜 염원인 듯 언어마저 지상에 둔 채로

핏빛 욕망의 총성들이 거리를 점령한
즈음의 일입니다 나는 바오밥나무와 함께
캄캄한 무량의 허공을 유영하며
늙은 면접관*들의 차가운 눈초리를 피해 떠오른

억울한 배신당한 핍박받는 영혼의 유령들과
측량도 원망도 없는 눈빛을 나누고 있었습니다
서로 부딪지 않는 행성들의 운행에 감탄하며
미약한 체온으로도 먼 여행에 피로하지 않는
빛살들의 놀라운 보법을 배우며 그리고
바오밥 뿌리 근처에 숨어 있는 작은
제비꽃과 도란도란 옛 얘기를 나누며

하지만 그리 오래는 아니었지요
고독했던 화가의 초혼제가 끝날 무렵
사람들의 눈과 귀가 진공처럼 비었을 때
반지하 방 창살을 조심스레 살피는 여자와
붓을 입에 물고 글씨를 그리는 어린 서예가와
착검 자세로 앉아 선잠 자는 병사를 향하여
바오밥나무가 흘린 눈물 한 방울 속
헤어지지 않는 얼음조각들과 함께
나는 황량한 해변에 불시착했고요
어느 위대한 시인의 짧은 산문
「사랑하고 노래하고 투쟁하다」를 떠올리며
그러나 문장만으로는 몹시 어렵겠다는 짐작에
폭우가 내리는 사구 위를 오래 걸었습니다

내 부서지기 쉬운 영혼의 끝에 바오밥의 손길이
미리 도착해 있으리라는 기쁨을 참아가며

* 박은영, 「백수현상」

아기돼지 갈빗살*에 대한 몽상
―프란시스 베이컨에게

강남 양식집 〈오딧세이〉의 일렁이는 불빛에 잠겨
고대 로마 범선의 용골을 닮은 흰 뼈들 사이에
물갈퀴처럼 돋은 붉은 고깃점을 들여다볼 때에,
나의 슬픔에는 한 자락의 깊숙한 근원이 없음을
통지한 살점들의 탄식이 하나씩 육신을 벗고
은빛 인력거에 실려, 금이빨도 녹인다는 왕수가
가득한 지하동굴로 돌이킬 수 없이 출항할 때에

머나먼 지평선으로 멸종된 유인원의 굵은
척추를 장착한 유골들이 어느 순간 몹시도
순진무구했던 이노센트 10세**의 교황복을 입고
비명을 지르며 구덩이에서 일어서는 지난 밤
꿈속의 느린 장면을 떠올리기도 끔찍하거늘,
모래시계에 넣은 나의 손가락뼈 하나가 시간의
모래알들에 마모되어 천 년 후 종말의 버튼으로
태어나는 백일몽마저 벗어버리기 힘겹거늘

그러나 돼지의 얇고 쫀득쫀득한 뱃살을 포크로
꾹꾹 찌르는, 건너편에 앉은 나의 귀여운 그대여
그 시간의 잔해들을 이제 안식처로 보내지 않고
날파리들이 들끓는 연옥에 남기자면 어쩌란 말이냐

수십조 가닥 염색체의 고단한 나선들을 풀지 않고
그 오랜 매듭들의 뒤틀린 장력을 한칼에 끊어
헐지도 않고, 문밖 뜨거운 불판으로 걸어 나가자면

* baby pork ribs: 양식당에서 흔히 주문할 수 있는 요리

** 프란시스 베이컨의 그림 제목 〈Study After Velazquez's Portrait of Pope Innocent X〉에서 가져옴

우울과 몽상 4

> 이 형상들은 아름답지만 소멸될 것이
> 분명하므로 희망없이 사랑해야 할 것이다.
> — 알베르 까뮈,
> 쟝 그르니에의 『섬』 서문에서

얼마나 많은 공손한 숨결들이 우연의 몫으로 하사된 단검을 공중누각의 처마에 꽂은 후 비밀의 화원으로 사라져갔을까?

운명을 드러내려는 것들의 비의는 빗줄기에 쉬이 지워지는 연비(聯臂)로 가득하다

그 가을날 나는 비원에서 개미마을까지, 사라진 시간의 궤도를 따라 순례할 수 있었다

1802년의 휠덜린이 보르도와 슈투트가르트 사이의 먼 길을 터벅터벅 걸었던 것처럼
구둣주걱으로 발가락에 돋은 녹조의 각질을 긁어내며, 지갑 속 금화들을 공원의 비둘기에게 뿌려준 뒤에

A路 입구에서 숨을 고른 뒤, 오래된 편지를 손바닥에서 벗겨내어 우체통에 넣었다
옛 주소가 박힌 노란 봉투는 늙은 지문을 접은 채 노숙할 채비를 하였다

B街의 식당가 초입에서 로봇춤을 추는 명랑한 청년들의 허리춤에서 양철 담낭이 빠져나와 빗물구멍으로 굴러 내렸다

C번지의 관청 옥상, 모략과 배신에 뒤진 패거리의 고환 무더기가 서류분쇄기에 갈린 후 흩뿌려졌다, 청소차의 굉음을 향하여

D洞의 방송국 앞, 유명 엠씨에 영혼을 청탁하러 온 군중이 환성을 지르며, 자욱한 배기가스로부터 솜사탕을 자아내었다

E대학 구역의 건널목에서 내 곁에 유령처럼 불쑥 솟아난 검은 치마의 여자, 거리에 흩어져 있던 농염한 연애의 파장들이 집적된 순간에 태어난 듯
그렇게 근거 없이 생겨나도 괜찮겠냐고, 옛 애인을 닮은 그녀에게 말했다

지난밤 그녀의 탐스런 가슴이 완성된 시각을 묻자, 달뜬 얼굴을 숙인 그녀의 심장이 홍관조로 우화, 공중으로 날아올랐다

F區와 G區가 갈라지는 H洞 교차로에 문득, 철거된 고가도로가 수직으로 솟아올랐다, 공사장의 붉은 벽돌들을 한 개씩 집어삼키며, 지하묘지에 이르는 계단으로

얼마나 순한 목숨들이 두 눈에 사슬을 감은 채로 그 길을 까마득하게 내려갔을까?

형상을 이룬 것들의 윤곽은 언제나 폐곡선을 그린다: 눈을 부릅뜬 J 상점의 박제 부엉이가 중얼거렸다

지지난 세기에 멸종된 도도새 무리가 다른 행성에서 몰려와 지하철 3호선 K驛 구내에서 새우잠을 잤다, 시간-에너지의 불확실성 원리에 익숙한 대학원생은 무심히 지나쳤고

다윈에 정통한 행인들은 몹시 거북한 입맛을 다시며 눈알을 빼어 뒷주머니에 넣었다

개미마을의 대형 커피샾에는 짙은 페로몬을 내뿜으며 시간의 낱알과 잎사귀를 분주히 실어 나르는 남녀 개미들

눈가의 다크써클을 붉은 연지로 감춘 여왕개미가 날개를 펼친 당당한 포즈로 카페 〈매혹〉의 문간에 앉아 있었다

카페 〈매혹〉의 문 앞 땅 위로 솟은 플라스틱 지하묘비 곁에, 눈가의 다크써클을 붉은 연지로 감춘 여왕개미가 날개를 펼친 당당한 포즈로 앉아 있었다.

흔해빠진 인과율
―일상다반사 4

그 무더운 주일 아침에 커피 믹스를
뜨거운 물에 붓고 휘휘 저었더니
지구촌 뉴스에서 북극의 빙산들이
심연을 향해 산산조각 곤두박질했다

나의 아늑한 다섯 평 단골 찻집
〈인디고 블루〉가 폐업하기 하루 전
번화한 중심상가의 공중에 슈퍼문이 걸리고
그 한 귀퉁이 쪽문으로 무명의 연극배우가
청람색의 가발을 벗어 던지고 사라졌으며

오랜 애청곡 일찍 저물어간 여가수의
〈이젠 사랑하지 않아요〉를
우연히 유튜브에서 발견한 순간
티브이 드라마의 등장인물들이 일제히
유기견처럼 서로를 향하여 컹컹 짖었다

그것이 세상을 사랑하지 않는
무표정한 인과론임을 알아챈 것은
오전 11시 반 담임목사님의
〈천국에 보화를 쌓으라〉는

격정적인 설교 때문이었으니

무거운 눈꺼풀로 보는 영화*에서
끝없이 펼쳐지는 건조한 벌판은
지혜로운 자들이 살아남을 수 없는
외롭고 황폐한 세상인 것이며

동전의 앞뒷면으로 살인할지를 결정하는
도축용 고전압 충격기를 사용하는 악한은
우연한 죽음의 손길임을 순식간에 깨달아

나는 오후의 뜨거운 산책길에서 조우한
십수 년째 이 거리에서 광고전단을 돌리는
빈약한 여인이 업소를 홍보하며
한 번 들러주시기를 애원할 때에

저 남쪽 바다에 태풍이 현현하는 이유가
도시의 가난한 유령들이 무인도에 모여
무화과를 가꾸며 사는 먼 별로 떠나는 날의
함성 때문임을 알려주고 싶었고
〈

정전된 방의 촛불을 흔들며 지나는
음산한 그림자에게 인사를 건넸더니
몇 세기 전 모함으로 멸족된 자의 유서가
그날 밤에 펼친 시집의 여백에 떠올랐다
〈지상에 건국한 천국이 다 지옥이었다〉**

* 〈노인을 위한 나라는 없다〉

** 김중식, 『울지도 못했다』, 〈시인의 말〉에서

잠복근무

  그는 사십 일째 집에 들어가지 않았다 거리에서 식은 커피와 김밥을 꾸역꾸역 넣으며 끊임없이 투덜대었다 시간의 탯줄을 찾아오라는 명령이 내려온 후로 나날은 끔찍했다 빌어먹을 차라리 공중산보하는 코끼리의 족적을 떠 오라 하지 그런다고 산산이 찢겨나간 살점들을 돌이킬 수 있냐고… 시계상 앞에서 종일을 죽치던 그의 곁에 산발한 여자가 쪼그려 앉아 딱, 딱, 껌을 씹으며 초침 흉내를 내었을 때 그는 차마 사타구니를 들여다볼 수 없었다 여자는 흡혈관을 가진 멋진 아이를 낳게 해 달라고 졸랐다 산부인과 지하창고를 뒤지는 그의 서쪽 어깨 너머로 시간의 긴 혈흔이 어둠에 잠기기 시작했을 때 그는 지상에 결사적으로 달라붙는 발바닥의 빨판들을 질질 끌며 술집으로 향했다 추적을 결국 포기한 그날 밤 꽉 막힌 순환도로의 시간이 틱, 틱, 지폐의 길이만큼 길을 만들어내는 택시 미터기에서 그는 시간의 톱니바퀴로부터 끊임없이 저벅저벅 걸어 나오는 붉은 피톨들을 보았다

행적들

1. 머큐럼

붉은 시간의 미세한 목젖들.
마른 우물 곁에 핀 동백꽃.
핏속에 가라앉는 금관가야 왕의 수의(囚衣).

강바닥을 따라 이승을 뜨는 황금충 무리.
슬픔이 눈뜰 때 부스러져 내리는
절망의 운모(雲母) 조각들.

아픈 시 모서리에 찢긴 상처에 내려앉아
따뜻한 금색 커튼을 드리우는,
노을 속에 숨은 수많은, 클림트 그림들.

2. 미토콘드리아

욕망의 바다에 떠 있는 작은 배.
어두운 시간의 그늘을 응시하는 씨앗.
아주 오래전, 살기(殺氣)로 가득한 집에
둥지를 틀기로 결심한 세포의 옥탑방.
〈

피에 젖은 부계(父系) 유전자를 거부하는
카프카의 회중시계.
연옥(煉獄)에 내던져진 알료사*의 심장.
기관실에 석탄을 묵묵히 퍼 넣는 화부(火夫).

시간의 지뢰밭을 지나는 나막신에
누군가 숨겨 놓은 사해(死海) 사본.
그때가 오면, 누추한 목숨에
넌지시 소멸을 권유하는
주름투성이 상복(喪服)의 전령.

– 낱알(콘드리아) 안에 끈(미토)이 구겨져 있는 형상으로부터 이름이 유래함
* 카라마조프가의 셋째 아들

자정의 이물감

1
지렁이 껍질을 두들기는 빗줄기의 북소리
개미지옥에 빠지는 애벌레의 아드레날린과
접시 위 브로콜리의 굵은 기관지가
허파꽈리 뭉치를 향해 결연히 갈라지는
순간의, 돌이킬 수 없는 패혈과 같은

2
폭주 기관차 위의 스프린터가 질주한다
폭우 속에 검붉은 눈빛을 뿜으며, 불의
고함을 사방으로 뿌리며, 그러나
이내 종점에 이르러 진자처럼 순순히
방향을 바꾸어, 기진하는 순간
까지 권태가 이를 때까지

3
어떤 밤에는 역마차 크기의 지구를
껴안은 채 외계에 떠 있는 꿈을 꾼다
백억 광년 저 너머에서 날아온 운석들이
나의 헐벗은 등에 곤두박질할 때마다
관자놀이를 흐르는 강줄기에 푸른 소름이 돋는다
허공을 부유하며 자전하는 꼬마 행성으로부터

떨어지지 않으려 차디찬 바다와 협곡
사이를 기어가다가 깨어나

4
때로는 겨울 안개의 희미한 불빛에서
시간의 정맥류를 기록할 상형문자가 드러난다
그것은 어류의 아가미를 닮았다
흐릿한 윤곽의 아코디언 연주자가 주름치마 위
질긴 신경섬유의 빛줄기들을 엮어내며
목숨의 붉은 덧문을 열고 닫는다

5
곁눈질하는 초상화에서 툭, 툭, 번식해 나온
가면들이 죽은 달빛을 밀어내며
자정의 유령들로 빽빽한 대기에 움집을 짓는다
발밑에 묻힌 시간의 피라미드 꼭지에 찔려
누군가 물 아래로 마른 탯줄을 내던지고 있다
그리고… 곤한 불빛들을 이끌며 우리는
이 거리와 소리들을 지나 전진한다
십이월의 그믐달과 무너진 이끼숲을 향하여

기린여관

이곳에 기린은 없다. 이 퀴퀴한 방에서 만날 수 있는 짐승은 팔각 성냥갑 측면에 우두커니 서 있는 쌍봉낙타 한 마리뿐.

이곳에 기린은 없다. 나는 오래전 철길 건너 살던, 목이 긴 젊은 과부를 추억할 수 있겠다. 야식 주문을 기다리는 골목 안 식당, 창밖으로 빠져나온 연통의 기침소리를 떠올릴 수도 있겠다.

여관 주인은 나른한 오후에 본 〈동물의 왕국〉, 맹수에 잡아먹히는 기린의 우아한 보행법에서 영감을 얻은 것일까. 그저 즐겨 읽는 소설의 제목을 따 온 것일까.

기린이 어디에 있는지 묻는다면, 주인은 사파리의 지하 납골당을 찾으라고 충고할 듯하다. 그러니까, 여기 오기 전에 기린을 만나든지, 아니면 내일 무간(無間)*으로 가든지 하라고, 퉁명스럽게.

어쩌면 이 집의 상호는 〈기린-여관〉일지 모르겠다고, 누군가 이른 아침 크게 깨달은 듯 고개를 주억이며 퇴실할 때에, 주인은 뜯어 먹히기 직전의 포유류처럼 네 발을 모은 자세로 잠들어 있을 뿐.

이곳에 기린은 없다. 다만, 곤한 잠에 빠진 그의 숨은 샘물이 낮은 곳으로 넘쳐, 선하고 길한 동물의 형상을 베개에 수놓을지 모를 일이다.

* 가장 극심한 지옥. 無間이라 함은 고통이 간극(間隙) 없이 영원히 계속되기 때문

카라뷰티랩

　길 건너 이층집의 美용실은 밝은 불빛 속의 명상에 잠겨 있다. 임박한 어둠의 발소리를 주시하는 듯, 주름 가득한 이마 아래 눈썹을 내리깔며. 나는 태생적인 불행을 머그잔에 적신 채로, 주머니 안쪽 생의 쿠폰들을 만지작거리며 그 집 간판을 바라만 볼 뿐

　그곳에서 어떤 미적 실험이 수행되는지 알 수가 없다. 가령, 시간을 급속가열 포트에 펄펄 끓인 후 남는 무지갯빛 찌꺼기의 성분을 분석해보는 것인가? 기억의 심장들을 냉동시킬 때 눈물과 함께 부서져 내리는 서리꽃 송이 사이의 미세한 인력을 감지하는 것인가?

　카라뷰티랩의 장방형 간판 오른편에는 아름다운 모델의 얼굴이 드리워져 있다. 여자의 뺨에는 거리의 소리들을 모두 빨아들이듯 커다란 검은 점 한 개. 그리고 좌하부의 붉은 네온으로 번쩍이는 아름다울 美는 몸통이 온통 퇴화된 벌레를 닮았다.

　그것은 더듬이 두 개, 앙상한 등뼈와 가느다란 다리들을 부산히 움직이며 여자의 얼굴을 향해 기어간다. 여자의 미모를 가늠하려는 것일까? 하지만 그녀의 얼굴에 접근하는 美의 홑눈에는 잔털투성이 뺨과 컴컴한 동굴 두 개, 축축한 두 연못 위 초승달 구도의 마른 숲들뿐.

　우연히 내 눈을 찌르는 아름다움은 한 줌의 욕정, 사소한 희망들과 함

께 길 건너편 딱 그만큼의 거리에서 발생하여 잠시 두려움과 증오를 토닥인다. 그것은 몇 세기의 공중을 떠돌다 내 손끝에 내려앉은 고독의 열매인가?

실패한 대본의 마지막 페이지를 덮는 그늘의 손길인가? 몇 발자국의 행진 끝에 완만한 사구를 지나 상부의 검은 소나무밭에 안착한 다족류는 그러나 이내 광풍에 날리며 잔혹한 생의 선로 위에 떨어져

거대한 딱정벌레 형상의 지붕에 얹혀 전속으로 멀어져간다. 가쁜 숨결을 지우며. 까마득한 소실점을 지나 −270℃의 암흑을 향하여. 부러진 다리 한 개를 이생에 남긴 채로. 신음도 없이 기나긴 잠 속으로.

암전 2
– 마지막 연금술사

1
기다리던 폭우가 오지 않아 한쪽 눈에 인공눈물을 뿌리니
빼어 든 휴지가 흰 비둘기로 변신해 창밖으로 날아오른다.
이제 쓸모없는 마술만이 남아 괴롭히는군, 그는 중얼거린다.
흐린 별빛으로 가득한 무대 위의 모략과 살인의 연대기
안개와 같은 확신이 연옥을 밝혔던 세기를 읽는다. 꿈속에
자주 나타나 한밤의 잠을 깨우는 먼 나라의 왕후 그대는
가시나무 숲 너머 색색의 대리석 기둥을 바람으로 갈며
유폐된 수녀원의 끔찍하게 지루한 생과 컴컴한 분노를
다음 세상에서 펼칠 현란한 분신술로 다스려 견디었던가?

2
어항 속 금붕어들이 역린(逆鱗)을 저으며 서녘으로 향한다.
그동안 식단을 점령한 보랏빛 우울은 관상용이었던가?
창밖은 컬트무비의 세계, 세도가의 폐색된 경동맥을 대체하려
진화를 거듭한 환형동물들이 주목(朱木) 뿌리를 타고 오른다.
군주의 총애를 받던 미희들의 흉부에서 금박으로 치장된
접선들이 중력의 밧줄에 묶여 지하실로 하강하는 시각
낭하를 지나는 누군가 음울한 음향을 휘파람에 실어 보낸다.
흰 공단을 입은 밤들은 종말에 이르지 않네*, 그는 도록을 열어
〈칼리가리 박사의 밀실〉** 포스터의 검붉은 배경을 응시한다.

3

침묵하는 벽, 딱딱한 대기, 성대를 잃은 서신들이 문밖에 눕는다.
전 세기의 기관차처럼 화분에 박혀 부화된 욕망의 검은 껍질들
풀리지 않는 반응식들이 쇠사슬을 쩔렁이며 세상을 떠나는 사이
양피지 위 지워진 암호로 가득한 비늘구름이 구릉 위로 떠 오른다.
정금으로 변신하기를 거절하는 원소들에 작별을 고하며 묻는다
이 밤의 기획자는 오늘도 거리에서 눈가리개를 나누어주는가?
격노하는 열차를 껴안아 산산이 부서지는 시간의 늑골을 본 자는
살아남지 못하니, 부디 잘 살기를, 늘 웃어넘기기를! 부르튼 혀에
짠맛이 내릴 때 먼 나라의 소금꽃이 벽돌 아래에 침묵하고 있다.

* Moody Blues, 〈Nights in white satin〉
** 독일의 표현주의 호러 영화

시간연습 3
– 북 치는 소년

신사동 양대창구이집 〈양철북〉 간판에는
고깔모자를 쓴 소년이 무심한 표정으로
하루 종일 북을 두드리는데, 처음 그곳을
지나친 봄날에는 왠지, 오래전 유럽의
운하가 내려다보이는 다락방에 숨어 살던
소녀의 화첩 속, 어린 양들의 등성이*에
꽂힌 장창들이 생각나 불현듯 떨었고

그다음 해 늦가을, 마른 국화 꽃잎들이
지하철 환풍구 속으로 뚝뚝 떨어지던 밤에는
시간을 씹어서 뱉어버리는 귄터 그라스의
주인공 소년이 초음속 비명으로 모든
상점들의 유리창을 날리며** 한밤의 거리를
화들짝 깨우는 장면이 떠올라, 명치를
두들기는 아드레날린에 몸을 떨었는데

다음다음 해 겨울날, 등뼈가 부드럽게 휘는
뱀장어를 실컷 먹고 몹시 취해 3차로 들른
노래연습장에서 〈신사동 그 사람〉을
고래고래 부른 뒤, 칼바람 속에 파리한
자라지 않는 소년을 비스듬히 지나치자니,

비극도 반역도 세일 할 수 있는 이 거리의
세련된 취향과 상냥한 미소들에 포획되어

강렬한 조명에 오므리지 않는 진열장
마네킹들의 쭉쭉 뻗은 다리를 탐하는
전조등들의 느릿한 신음에 잠겨,
북 치는 소년도 다락방 소녀도 모두
해피엔딩 동화책 속으로 보낸 후,
뒷골목에 유령으로 누운 길고양이의
송곳니처럼 부르르 떨며, 진저리치며

* 김종삼, 「북 치는 소년」
** 귄터 그라스, 「양철북」의 장면

유령 8

뚝섬 못미처 시작된 승객들의 말싸움은 지친 듯 금세 사그라졌다. 열차의 규칙적인 마디음에 섞여 신음하듯, 왕십리를 지났을 때 기차바퀴가 발을 끄는 소리가 아닌 – 이를 가는 듯한 삐익삐익 또는 낑낑 소리와 같은 음향이 들려오기 시작했다. 누가 누구를 부르는 것인가… 신당역에 내려 반대 방향의 열차로 갈아탔을 때, 소리는 두 역 사이 1/3과 2/3 지점, 기억 속의 광무극장과 중국집 육합춘의 옛 자리에 일치하였다. 겨울날 무쇠 난로에 손을 데우며 보던 영화 〈지옥문〉과 모친의 곗날 회식의 추억이 서린 곳. 왜 이제 누구를 부르는가… 무슨 말이 하고 싶은 건가… 물었지만, 그 낡은 숨결들은 어느 날 가게를 접은 후에 시장 밖으로 걸어 나간 표구점 주인의 의족처럼 간 곳 없었다. 조악한 극장 간판의 울긋불긋한 색상을 다시 모을 수 있다면. 육합춘 잡탕밥의 고소한 냄새를 실어 온 공기 입자들의 떨림을 재현한다면. 어떤 결심 때문에 세상 밖으로 사라져갔는지. 숨을 접은 두 유령의 사연을 알아볼 수 있을까. 지금의 이 난전은 그때의 연옥이 맞는가? 이들이 소멸하기로 작정한 순간, 우리는 혹시 다른 세상으로 갈라져 나온 것 아닌가? 골목을 건너는 고양이가 애매하게 머리를 흔들었다. 광무주차장에 쭈그려 앉아 오래 머뭇거리는 나를 향해, 가로수 잎사귀에 새겨진 늙은 패잔병들의 유서가 몸을 뒤틀었다. 길 건너 빌딩 우듬지의 전광판에서, 최초의 인류 루시가 거닐던 대륙의 병든 아이가 마른 입술을 달싹여 속삭였다. 우리는 용도가 소진되면 껍데기만 남게 되는. 모든 기억을 소거한 후 세상 밖으로 스러질. 언제라도 시장으로부터 내쳐질 시간의 잔상이 아닌가? 그나마 남은 생을 탕진하며 – 아무도 읽지 않는, 어떤 무대에도 오르지 못할 검은 대본을 그림자 속에 펼치는 희곡 작가의 기침소리처럼. 빈터에 울려 퍼지는.

유령 10
– 스킨로션 멜라토닌 가글액

그는 인간에 무관심했다. 어쩌다 보니 세리가 되어 있었지만, 가능했다면 직업적인 탐구자가 되었을 것. 생각은 언제나 무욕, 무심, 무정한 물질에 있었으니, 인간들의 구차한 욕망에 지칠 때에는 물질세계의 질서에 몰두, 생명의 근원인 – 식물과 동물의 연결고리인 산소의 작용을 해명하기에 이르렀다.

그에게 인간사는 철저한 외전이었다. 그런데 어찌하여 18세기 말 대혁명의 와중에 처형되었는지 그는 이유를 모른다. 시간의 광기, 행성들 간의 인력이 암묵적인 작용을 했을 것으로 가늠할 뿐. 처절한 정치사로부터 영원히 사라지고 싶었고, 위대한 연금술사로만 기억되고 싶었다.

1871년의 짧았던 후대의 투쟁 이후 그는 최후까지 저항한 꼬뮨 전사들이 스러진 뻬흐 라쉐스 묘지의 벽 주변을 맴도는 유령이 되었다. 비 오는 밤이면 그의 발소리가 숲속에서 뚜벅거려, 그런 시간에는 불빛들도 나무 사이로 숨어들었다. 그는 왜 자신의 생을 앗아간 진영의 그림자가 되었던가?

그가 죽기 직전에 얻은, 물과 흙의 화합물 – 피와 땀과 눈물에 근거한 인간의 가련한 삶과 고통에 대한 모종의 깨달음이 왼쪽으로 인도했던가? 세상을 바꾸려는 불가능한 이상에 매혹되어 죽음으로 자존을 지킨 그들의 격정에 사후 공감했던가?

⟨

　더 이상 물질에 의존하지 않는 가벼운 수증기로 떠도는 그의 오랜 고뇌는 – 빈자와 가진 자가 어떻게 손을 맞잡을 수 있을지? 많은 책을 섭렵하였으나 해답을 얻지 못했다. 다만 제도가 아니라 인간 내부에 도사리고 있음을 직감할 뿐.

　무거운 외투를 끌며 그는 모든 피톨들이 증발해버린 묘지의 외벽을 헤맨다. 누구도 묻지 않는 질문 하나를 심장에 간직한 채로. 가끔 고독한 행상의 모습을 입어, 마른 피부와 불면과 치통을 예방하기 위한 물약 따위를 좌판에 펼쳐놓고는.

기획자 - 기술자
- 유령 11

1

기획자 A*는 진실의 흔적을 지우는 미지의 인물 - 기업사냥꾼으로 출발한 그는 곧 국가의 상부구조로 진입하였다. 그의 특기는 증거를 완벽하게 조작, 제삼자에게 뒤집어씌운 후에 자살시키는 것. A에게 성장기의 뼈저린 개인사라든가 명료한 이념은 없었지만, 약육강식의 세계관을 가졌다는 점에서는 보수주의자이다. 지루한 삶을 참지 못하여 가장 격렬한 전장을 즐겨 찾아다녔다. 〈적을 미워하지 말라〉는 좌우명을 가슴에 새기며, 작전 시에는 늘 상복을 입었다. 설계에 탁월한 능력을 발휘했지만, 때로는 직접 살인을 치르곤 했다. 현장에서 〈나도 살아야 하니까〉라고 시신들에게 버릇처럼 고백하는 그에게 가장 번거로운 작업은 시체를 처리하는 것. 하지만 휘하에 B가 배정된 후로는 그럴 이유가 없었다.

2

시체처리자* B의 도구는 예리한 칼과 포댓자루뿐. 핏자국을 순백의 증기로 화하는 기술을 가진 그의 전직은 소문처럼 백정이나 장의사가 아니라, 날카로운 펜촉을 즐겨 사용하던 심문자였다. 그들의 마지막 작전에서 A가 홀홀 사라지고 B가 작업을 마친 순간 - 모든 틈새가 막히고 밀실이 질소로 채워지기 시작 - 빠져나갈 수 없음을 인식한 B는 자신의 신체마저 완벽하게 처리하여 안개로 가득한 공간을 남겼다. 한 귀퉁이에는 고전압으로 끊어진 필라멘트 조각들만이 흩어져 있었다. 순간이동이라든가 원소분해라는 말이 돌았으나, 누구도 진실을 알 수는 없었다. 한편 고위 간부로 은퇴한 A는 과거를 지운 후, 지중해 따뜻한 섬의 교회당 종지기로 부유하고 평안한 만년을 맞았다.

  * 드라마 〈Black list〉의 등장인물

겨울의 진흙빛 음영
- 그림자 도시에서 5

창을 두드리는 물방울들의 허기가 새벽잠을 끊는다.
해갈을 기다린 나날의 잿빛 이름들 사이로
차가운 기억들이 지나간 맥박처럼 흐르네.
해가 갈수록 생각에 늦서리가 쌓이는구나
너의 도시에도 투명한 시간의 잔가지들이 내려앉는지.
그해 겨울 남루한 코트를 껴입은 채 벌판에서
누군가를 기다리던 배우들을 기억하는지, 그날
사슬에 묶인 인물이 럭키였는지 고도였는지.
충무로 다방에 울려 퍼지던 무디 블루스의
〈Isn't life strange〉도 생각나네, 인생이
신기한 모습으로 다가오는 동안만 살고 싶다, 고백했던가.
늘 궁금했었지, 그 프로그레시브 락밴드에서
탬버린을 흔들던 플루티스트의 고독에 대하여.
언젠가 우리가 침묵의 미간을 얘기한 적이 있었지
그 사이에 놓일 수 있는 문장의 보폭에 관하여, 그것은
불쑥 찾아간 개심사의 아침 그늘, 몰운대의 파도소리에
예견된 첫울음들의 치명적인 슬픔 같은 것이라고.
취한 거리 불빛들의 뜨거운 혀는 골방으로 잦아들어
이제는 청진동의 과음과 숙취의 인연처럼
통속한 인과율로 치부하며 덤덤할 때도 되었건만
낡은 소반의 손발을 붙잡는 아교풀의 오욕을 닮아

사랑의 기나긴 산문을 끈끈한 은유로 노래하거나
배신의 쓰라림에 천착하는 습성이 몹시 버겁구나.
언젠가 기쁨과 슬픔의 덧없음을 말했었지만
그건 닫힌 교회당의 초라한 평화일 뿐이었겠지.
너의 도시에서 너무나 많은 것을 남기려 했기에
내 안의 진홍빛 질투를 자백하기도 전에
그토록 무성한 질시의 예각에 괴로웠던 것인가.
나이 들면 산타페 뒷골목에 작은 선물가게를 열어
밤에는 진흙집들로 가득한 거리를 걷고 싶다고 했지.
괜찮을 거야, 나는 겨울이 불러주는 낯선 문장들의
음영을 노트로 옮길 뿐, 계절 내내
외톨이 정물화와 함께해 준 금요일 밤의
갸륵함에게 언제까지나 감사하니.
지상에 닿는 순간의 빛나는 눈매를 남기며 사라지는
빗방울들에게 부끄러운 동안에는.

행적 — 낫

    외형은 완벽한 백인인 그 청년이 자신의 이력을 알게 된 것은 돌연한 증상에 의해서였다. 어느 날 아침, 아랫도리를 움켜쥔 채 병원에 실려 온 그는, 그 기이한 증세가 비정상 적혈구와 관련 있음을 진단받았다. 낫 모양의 적혈구*가 혈액의 흐름을 방해하여 지속발기와 악성빈혈을 보인 것인데, 주로 흑인에게만 발생한다는 것. 창백한 피부로 태어난 아이를 흑인 부모가 기를 수 없어 백인 가족에 입양한 내력이, 공생을 완강히 거부하는 인간 유전자에 내려진 징벌임을 그는 어느 날 문득 깨달았다. 핏줄이 낫으로 베이는 고통을 오래 견딘 후에 완성한 자전적 소설을 여러 출판사에 보냈으나, 회색인이라는 이유로 모두 거절당했다. 누구도 그의 운명적 사연에 귀 기울이지 않음을 알게 된 그는 몹시 낙담한 끝에 끝없는 혈액투석을 받으며, 너절한 삼류영화 시나리오 수집광이 되어 지역 신문의 부고(訃告) 전문기자로 늙어 갔다.

  — 의학 드라마 〈House〉의 스토리를 변주함
  * 겸상(鎌狀) 적혈구(sickle cell)

식물의 사생활 8
- 그레고르 수사(修士)의 유전학 교실

   중세의 어느 흐린 가을날, 아무리 기도하여도 사라지지 않는 세상의 죄상들에 낙심한 그레고르 수사의 긴 묵상 끝자락에, 콩깍지들의 부르짖음이 광야로부터 들려왔다. 그 야생식물은 먹을 수 없는, 딱딱하고 쭈글쭈글한 씨앗을 더 이상 만들지 않기로 결심하였다는 것이었다. 오직 세상에 유익하기만을 소망하는, 볼품없는 콩깍지들의 애원에 깊이 공감한 그레고르 수사는 잠을 줄여가며 식물의 유전 현상을 연구하기 시작하였다. 오랜 시도 끝에 씨앗의 양분을 모두 흡수하여, 먹을 수 있는 부드럽고 탐스런 깍지를 가진 완두를 만들었지만, 그 비밀을 오직 들판의 풀꽃들에게만 강의했다. 그레고르 수사는 그 깍지완두에게 '눈 속의 완두*'라는 이름을 주었는데, 씨앗 없이 전해져 온 식물의 내력에 대하여 후세의 사람들은 다만, 한겨울 눈보라에 묻힌 작은 들꽃들이 만들어내는 것으로 짐작할 뿐이었다.

* snow pea

비타민이 떨어졌다

    수원역전 곰탕집에서 누군가 한 끼를 책임져 주기를 바라며 사방으로 가련한 눈알을 굴리는 늙은 떠돌이 행상의 거룩한 식욕
    처자의 병력과 불우한 가족사를 팔아 대중의 눈물을 짜내는,
    연예프로에 끝없이 얼굴 내밀기를 구하는 재능 없는 개그맨의 열망을 이해한다.

    짝을 물어 죽인 후 고독에 몸부림치는 검은과부*의 생식적 사디즘과
    편 가르지 않아도 되는 삶을 찾아 이과(理科)를 택했던 시인의 회색 마조히즘을 십분 수긍한다.

    비 내리는 옛 영화, 한 여자를 두고 두 남자가 들판에서 결투한다.
    이순재보다 미남인 신성일의 편이 되고 싶었으나, 나의 생존본능은 극구 만류한다.
    그러니, 나를 삐딱한 시선으로 바라보는 가난한 여자 시인이여, 부디 관대해다오.
    고등학교를 나오지 못한 도시빈민의 자손이 일류대학 선생이 되기를 희망했다면, 그 사연의 붉은 상처들을 짐작할 수 있겠는가.
    이제 다시 숨으려 한다.

    죽음에 임박한 원로의 병상을 돌본 후 유명인사가 된, 착한 여류 화가의 눈부신 전근대적 책략,

단무지와 짜장면의 결합을 포스트모던 다국적 퓨전의 범주로 설파하는, 음식평론가의 거대담론에 찔려서 이제,
  현란한 21세기의 色色 가교들을 60년대 존 레넌의 덥수룩한 수염 사이로 무심히 비껴보며,

  마이 디자이어 對 유어 디자이어, 영원회귀 혈투에 떠밀려 이리저리 부딪히며 구르는,
  세상의 깨어진 바퀴들을 그저 바라만 보며.**

  * Black widow, 독거미의 일종
  ** John Lennon, 〈Watching the wheels〉

밤의 향연
– 앙리 마티스의 명작 〈적색의 하모니〉에 대한 연금술사의 반복적 실험

빈방 – 기록할 아무것도 없는 적막한 배경. 빛의 내부와 세상의 끝에 맺히는, 깊고 머나먼 그림자의 숨결 한 자락도 남지 않은 – 붉은 공백.

어디에선가 종이 울리자, 벽 속의 보이지 않는 문을 열고 푸른 목의 여자가 식탁 가장자리로 걸어 나온다. 안과 밖의 경계가 퇴색하여, 이곳의 모든 명암은 평등하다.

넓은 식탁 위에는 소멸의 기억을 찾아 일생을 방랑한 연금술사가 남긴, 신비의 액체가 담긴 두 개의 플라스크가 놓인다.

원근이 사라진 시야. 어차피 끝까지 볼 수는 없잖은가… 쟁반 위 과일들을 닦으며 여자가 독백하는 사이, 화병에서 순식간에 꽃이 피어오른다. 한쪽 귀퉁이에 스르르, 발생하는 어두운 창.

어디로부터인가 푸식, 나타나 공중에 걸리는 꽃받침대. 갈퀴 형상의 뿌리들이 바닥과 벽을 기어 다니며 평평한 정경을 분할한다. 그 사이로 명랑한 레몬들의 행진.

창밖 풍경이 일순, 한낮의 기쁨으로 부풀어 오른다. 무수한 촉수를 가진 관목 곁, 민들레 꽃씨를 가득 품은 검은 나뭇가지들. 창문 모서리에는 둥실, 풍선처럼 떠 오르는 익명의 집.

⟨

　누군가로부터 빌려온 인생이라면 어떤가… 여자가 마지막 대사를 완성한 후, 플라스크의 진홍 액과 노란 물을 한 모금씩 마시자

　다시, 텅 빈 방. 독해할 그 무엇도 걸려 있지 않은 붉은 벽 – 사이를 떠도는 늙은 의자의 삐걱거리는 메아리 – 그리고, 공명하는 음영들의 기나긴 안식.

시간여행자

수많은 계절이 사슬을 쩔렁이며 흘러갔다. 지금은 기억의 충정을 헤아리는 시간. 내가 사랑했던 장면들은 얼굴을 벗은 채로 가슴을 섞는다.

한없이 멀리멀리 가거라 - 작별을 고할 때, 식탁 아래 깨어진 그릇 조각들이 공중에서 만나 유리벽 사이 경계를 지우며 답한다.

행복한 외출이 되기를. 그러나 다시는 돌아오지 않기를.*

가증스런 자의 명함을 빗속의 장독 위에 놓아두었다. 스스로 거처를 정할 수 있도록. 며칠 후 누군가 미움을 모르는 이가 가져갔는지, 곁에 핀 백일홍에 흰나비 한 마리 조용히 앉아 있었다.

초등 2학년 교실. 구구단을 판서하던 여선생님이 뒤를 돌아보며, 주의 산만한 소년의 깡마른 뺨을 향하여 묻는다. 유학 갈 채비는 잘 되어 가니? 화학과라고 했지? 나도 시카고에 가고 싶어.

중학교 방과 후의 교무실. 공납금을 내지 못한 몇 학생들이 서로 외면하며 대기한다. 소년은 낮게 말한다 - 저는 지금 몹시 가난하지만 나중에 이 모든 신세를 갚을 거예요. 친구가 고개를 돌리며 미소 짓는다. 이 선생, 이번에 좋은 논문을 발표하여 푸짐한 상금으로 한턱 쏘신다고요?

〈

산본 중심상가의 〈백암순대국〉. 살림집이 없는 주인 부부의 네 살 여자 아이가 하루 종일 손님들 사이에서 놀고 있다. 자정이 되자 그 이 층 방은 단아한 전원주택으로 변하고, 눈매가 깊은 중년 여인이 뜰에서 채소밭을 매고 있다.

학교 수업을 거른 채 방황하는 고등학생이 덕수궁 미술관에서 그해 미전 대상 수상작 〈어디서 무엇이 되어 만나랴〉를 마주한다.

신문에서 본 파블로 네루다 노벨상 수상기념 낭송회를 물어 동숭동 흥사단회관을 찾은 까까머리 학생을, 머리칼이 희끗한 여자 시인이 손을 잡으며 반긴다 — 작년 가을에 나온 선생님의 시집이 참 좋아요.

부천의 의료요양원 〈모시는 사람들〉. 팔순의 모친에게 탄식하자 — 왜 이런 끔찍한 집안에 시집와서 그렇게 고생하셨어요 — 서른 살의 어머니가 당부한다. 상왕십리 동원극장에 〈쌀〉이라는 영화가 들어왔다더라. 가난하지만 부지런한 사람들의 이야기이니 혼자라도 가서 보렴.

무너진 무대 위 배우가 배역과 대사를 버리고 나풀나풀 세상 밖으로 사라진다. 오래전 낯선 도시의 나비박물관. 누군가 안개 자욱한 아침에 날개의 유해를 종이배에 띄워 보낸다.
〈

초등학교 졸업식장, 15년 후 그녀의 음성이 가볍게 포옹하며 묻는다. 너는 지금 몇 년도에 와 있는지?

  홀로 바닷가에 누운 저물녘, 발바닥을 간질이던 홍게의 무리가 서쪽 하늘 가득 날아오르는 썰물의 시간 – 사방에 흩어져 살던 비탈들이 젖은 시야 속으로 와글와글 모여들어 해안에 빛나는 정경을 본다.

  * 프리다 칼로, 죽음을 앞두고 마지막 일기에서

III

펭귄에 대한 부당한 처우에 관하여

펭귄이 제대로 대접받은 적은 없다.
껌종이 모델로 사용됐을 뿐.
일찍이 나는 펭귄과 친하기 위해
길에 흩어진 쿨민트 껌종이를 모으며
하왕십리에서 장충동까지 순례한 적이 있다.
다리 짧은 야구선수의 별명으로 펭귄이
조롱받는 것에 분개하기도 했다.
어느 영화에서는 지구를 파괴하려는
악당의 부하로 등장했다.
그 감독은 돌대가리다
누가 뒤뚱거리는 새를 수하에 둘 것인가.
멸종위기로 주목받고 있으나
누구도 펭귄과 얘기한 적은 없다.
보수주의자들은 진화의 막다른 골목으로 간주하지만
펭귄은 좀체 과묵하다, 날개를 버린 이유에 관해서.
물론, 펭귄은 펭귄으로 태어나고 싶은 건 아니다
빙산의 면밀한 체온에서 생겨났을 뿐.
외로운 날, 나는 쿨한 추억을 찾아 서점에 간다.
니체의 책 표지, 타원의 감옥에 갇힌 채
더 이상 귀찮게 찾지 말라는 듯
담담한 표정으로 서 있는 새를 만나러.

여배우 자연발화사건

    십 년 전, 유명 여배우가 종아리만 남긴 채 불에 탄 잔해로 발견되었는데, 사고가 난 방은 멀쩡했다. 남편이 용의선상에 올랐으나 곧 알리바이가 입증되었다. 오랜 후에 사건의 실마리가 풀리기 시작한 건 은퇴한 형사의 집념 때문. 생애 마지막으로 이 사건에 뛰어든 그는 사고 직후 그녀가 키우던 고양이가 사라졌음에 주목하였다. 보관함 한구석에 고양이 발톱자국이 선명한 타자기와 카프카의 「변신」이 타이프 된 종이 뭉치가 남아 있었는데, 말미에는 다음과 같이 적혀 있었다. '전생에 루팡이었던 나는… 이 소설의 고독한 저자가 커트 코베인*으로 환생하였다가… 외로이 사라지기는 마찬가지 아닌가… 그 영혼이 매일 밤 촛불 아래 여주인과 속삭였음을 증언할 수 있지만… 종이가 떨어져서 이만…'

* 락밴드 〈니르바나〉의 작곡자 겸 가수. 27세에 자살함

행적 – 유령작가들

그는 소문으로만 존재했던 사람, 음악과 글의 끝을 보았다고 했다.

제도권 교육을 받지 않은 그는 젊은 시절, 영화 〈베니스에서 죽다〉에서 흘러나오는 말러의 멜로디를 듣고는, 뇌수를 쇠망치로 얻어맞는 충격을 받았다.

미친 듯 고전음악을 탐닉한 그는 타자기를 무작위로 두드리면 기존의 모든 악보가 재생되는 작곡 프로그램을 완성하기에 이르렀다.

음악의 무의미에 심취되었던 그는 어느 날 아침, 애완견이 〈No more good and evil…〉이라는 니체의 문장을 PC에 우연히 입력하자, 무덤에서 기어 나오듯 기괴한 곡조를 듣고는 음악을 끊었다.

이후 그는 도서관의 모든 시집과 소설을 닥치는 대로 읽어나갔다.

유진 오닐의 「밤으로의 긴 여로」에 인용된 스윈번의 시편[1]과 릴케의 「모든 이별을 예감하며」 등등… 어쩌면 문장이 세상을 구원할 수 있다는 생각에 그는 몸을 떨었다.

문학의 고전들을 섭렵해나가던 그는, 가수 정훈희의 자료를 찾다가 우연히 전직 나이트클럽 디제이의 댓글[2]을 마주친 후, 이 도시의 곳곳에 유령작가들이 숨어 있음을 알았다.

〈

　길 건너 반지하 방에 사는 게으른 디지털 장의사[3]가 밤을 지새운 어느 순간, 유령작가로 변신했음을 충혈된 눈빛으로부터 척, 알아보았다.

　작품 한 귀퉁이에 언제나 작은 금잔화를 그려 넣었던 옛 극장 간판장이의 열정이 시인의 것이었으며

　매일 오후 7시 반에 동네 어귀의 헤어숍을 나서는 술집 여자가 불에 그슬린 노트를 개천에 던져버렸을 때, 그녀가 작가로서의 인생을 마감했음을 감지했다.

　몇 년이 지나, 그는 전철역의 화장실 변기 뚜껑 위에 누군가 올려놓은 초록 종이학을 만났다. 표리가 구별되지 않는 진부한 평면의 찬란한 우화(羽化)를.

　작은 종이새의 깃털 사이로 정교한 주름과 깊은 그림자가 형성되는 종이접기의 마법에 그는 할 말을 잊었다.

　입을 봉한 채로 홀린 듯, 수년 동안 무명 연극배우들의 고독한 몸짓을 스케치하며 세상을 떠돌아다닌 어느 겨울날

　〈

〈시야는 사라지고 색상만 떠도는…〉으로 시작되는 장문의 조사(弔辭)를 유명시인 文믈 씨의 주소로 우송하고는 흐릿한 자취를 지워버렸다.

(1) 〈이제 일어나서 헤어지세; 그녀는 알지 못하리/ 바람이 가듯, 모래와 거품의 바다로/ […] 세상은 눈물처럼 쓰디쓰니 […]〉

(2) 안녕하세여/ 저아실지 모르겟네여,, 13년전 삼성동 방콕 나이트클럽 DJ였던 사람입니다,, 우리 가게 최고에 분이였는데,, 10시30분에나오셨지여,, 같이 1년동안 일했엇는데 지금 부산쪽에서 카페운영하신다고,, 너무나 화려한 무대매너에 너무친절하시구 그 당시 우리아버님 돌아가실 때 조의금도 보내주시고,, 지금와서 너무 감사드립니다,, 저도 이젠,36입니다,,ㅎㅎ 그때 훈이님에 열정적인 무대매너 지금도 아마 그런분은 없을꺼라 생각합니다 다른 업소 가셔야할시간인데,, 항상 늘 앵콜송 져버리지않고 다 불러주시고,, 최고에 무대였어여,,

(3) 온라인상의 리벤지포르노 영상을 삭제하는 직업

L과 함께 걷다
- 하드코어 인생

항구가 내려다보이는 산비탈 동네를 오르며 L은 그림자가 무거운지 자주 발을 털었다.

중절모자 아래 머리칼을 간질이는 바람의 손길에 그는 진저리를 쳤다 - 부드러움은 맞지 않는다는 듯.

삶이 스산했는지 묻는 나에게, 꿈속에서만 모든 증오를 소비하려는 노력이 몹시 힘겨웠다고 술회했다.

따가운 햇볕에 얼굴을 보자기로 싸맨 채로 긴 비탈을 오르는 어린 여학생을 보며, 그는 부모와 떨어져 살았던 달동네의 삶을 회상했다. 중학생의 어깨에 내려앉는 물지게의 중압을.

치명적인 희망, L은 양반 주인에 항거하여 목숨을 버리는 순간에야 주인과 동등한 위치에 서게 되는 노예 신분의 사내[*]를 기억해냈다.

왜 그리도 자신의 소속을 끊임없이 멸시하였는지 묻자, 〈더 나은 사람이 되기 위하여〉 스스로 고립되었다고 L은 답했다. 점점 불어나는 몸을 더 이상 감당할 수 없는 껍질을 벗어 태우려 했다고.

그는 오래전 태양이 지지 않는 나라의 대성당에서 품었던 꿈을 떠올렸다. 그리고 편견과 시기에 젖은 달빛이 얼마나 집요하게 밤의 냉기 속으로 밀어 넣었는지를.

〈

　뚝뚝, 담장 밖을 내다보는 꽃들의 관절이 꺾이는 소리가 나무에 매달린 새의 부리에서 맴돌았다.

　저무는 햇살에 멀리 맞은 편 산기슭의 창이 번쩍, 새로운 눈을 부릅떴으나, 더 이상 소진할 생이 남지 않은 것처럼 그루터기에 담뱃불을 비볐다.

　바지 위로 기어오르는 곤충을 풀숲에 놓아주며, 모든 오르막길들의 각도를 합하면 마이너스 180°가 되더라고 허탈하게 웃었다.

　성장판을 잃은 집은 어떤 자세로 누울지, 그의 천국에는 무슨 노래가 울려 퍼지는지 나는 알고 싶었다.

　숨을 몰아쉬며 버스정거장 벤치에 앉은 우리의 의향을 경적음으로 문의하는 버스를 손짓으로 보낸 L은, 운명이 의지에 선행하는 것 같다고 중얼거렸다.

　잡초에 묻혀 소용을 잃은 돌계단에 앉아 녹슨 난간을 만지며, 요즘 자주 소멸에 대해 생각한다고 고해하자 – 능소화 곁을 맴돌던 나비 한 마리가 소복을 활짝 벗어 던지며 수직 낙하했다.

* 황석영, 『장길산』

자각몽

방향이 없는 지형도 속에 누워 있다. 사방은 고요하고 지평선에는 붉은 장막이 펼쳐 있다. 나는 알 수 없다 – 이것은 일몰인가, 일출인가

뼈대만 남은 은사시나무가 물가에 서 있고, 물살의 손끝에는 낡은 건반이 망가진 치열처럼 걸려 있다, 진흙 위에 배를 깔고 노려보는 작은 짐승의 끓는 시선은, 숨결인가 무기질인가

어디선가 〈지난여름의 왈츠〉가 반복해서 들려온다, 바이올린의 섬세한 선율에 실린 가수의 목소리는 오랜 망각의 시간을 뚫고 나와

모래바람이 쏟아져 내리는 구릉의 눈과 귀를 채우고 있다, 하지만 이곳이 몽중임을 금세 알아챈다, 그 꿈결 같은 옛 노래를 되살리기에

나의 피부는 너무나 퇴색했기에, 나에게로 흘러오던 골목들의 손목이 어느 순간 툭, 끊어진 건 오래전의 일이었으니, 나는 질문한다 – 왜 존재들이 존재하는지

비늘을 벗긴 잔 물고기들의 합창이 시간의 채찍에 부레를 찢긴 자들의 무덤가에서 진혼곡처럼 웅얼거리는지

이제 성좌들이 하나둘 망막에 등불을 올리고, 소금기둥들에 손을 흔들

며 누군가 절벽을 향해 떠나는 시각,

　물의 혀를 거부한 선캄브리아의 패각에게 묻는다 - 모든 구름의 뜨거운 심장들을 소진한 후, 어찌하여 나는 꿈에도 잠기지 않는 구차한 욕망들의 침전으로 남아 있는지

　푸른 대기의 지붕 위에 드리워져 까마득한 시간을 윤회하는 광속의 운명은 빛인지, 암흑인지를, 지금 대지의 푸석한 가슴살을 누르는 나의 질량이

K市 체류기 – 超중력에 대한 보고서

그곳의 집들은 너무 추워 아이들이 게으른 하품을 하면 즉시 폐렴에 걸리곤 했다.

어둡고 가파른 길들이 촘촘히 둘러싼 누에고치 형상의 도시에서, 주민들은 밤 9시 사이렌이 울리면 끈끈한 단잠에 빠져들었다.

그 도시의 예술가들은 늘 새로운 놀이에 열중했는데, 그것은 『세계에 대한 미학적 이해』라는 고전을 남긴 왕의 유지 때문. 시인들은 시기심과 식탐에 대해 함구했다.

어느 거장 바이올리니스트는 일요일마다 재래시장 골목에서 무명의 연주를 즐기는데, 그의 고독한 휴일의 발자국을 찍어 파는 프랜차이즈 상점이 곧 생겨났으며

실용적 인간관계에 몰두하게 된 생물학자들은, 양치식물의 유래가 길 잃은 양의 배고픈 이빨자국을 기억한 나뭇잎이라는 사실에 무지했고

그 도시의 희귀한 막소금을 단번에 알아보고 핥아먹는 가축들의 에피파니를 단순한 본능으로 치부하였다.

그해 겨울, 야구단에서 퇴출된 다용도 utility player의 행방에 대하여

누구도 궁금해하지 않았으나, 시내에 은거한 수도승은 〈누가 누구를 아프게 했던〉[*]이란 노랫말을 듣고 대오했으며

일기장을 베스트셀러에 올린 아군 수집광은 정계은퇴 후, 『노블 카운티[**]의 다리』라는 연애소설을 발표했다.

구름의 명암은 정의될 수 없음을 주장한 시립대학의 포스트모더니스트 기상학자가 더블버거를 먹다가 질식하여 사망한 후,

공연 중 가벼운 스텝으로 날아오른 발레리노가 강력한 복원력에 의해 지하 암반 속으로 추락한 지난봄, 그곳에는 자생적인 독서클럽이 생겨났는데

시립도서관의 노처녀 사서가 매일 밤 영혼이 들어있지 않은 책들에게 사형선고를 내리자, 도시 외곽 숲에서 목을 베인 자작나무가 한 그루씩 살아나기 시작했다.

* 하림, 〈사랑이 다른 사랑으로 잊혀지네〉
** 어느 신도시의 은퇴자들을 위한 고품위 거주시설

조율 – 발가벗은 그녀가 계단을 내려오며 분신술을 시연한 것은

—서걱이는 뇌수의 모서리들. 무정형 유방의 음울한 탄성계수. 난간에 널린 구리 탯줄.

교차로에 내걸린 육신들을 보았나, 사연이 깊으면 목숨들이 시간의 퇴비 속에서 둔각으로 분해하는 법, 원한을 버리고 행주처럼 접힌 육체는 얼마나 아름다운지, 자궁을 들어낼 필요도 없어, 저절로 멸문된다니까, 걸어가는 시체에서도 매일 수천만 개의 피부세포들이 진저리를 치며 떨어져 나가지 않는가 (암전)

—금속성 시간을 토해내는 플라스틱 누에. 성자처럼 내장을 비우고 해변에 널브러진 사이보그 고래. 모래바람 속에 무릎 꿇고 묵상하는 강철 낙타.

가끔 내 꿈속을 찾아오는 개는 행복한 표정으로 웃곤 하는데, 그게 강철로 빚은 얼굴 근육들의 교묘한 배합이었던 거야, 파편들이 합심하여 유쾌한 결과를 내는 거지, 왕지네의 부드러운 걸음걸이를 보았나, 목숨에는 엔트로피가 적용되지 않아, 누구는 행성들의 운동에 관련된 효소를 분리해내려 애쓰던데, 이제 그만 쉬게 하려나 봐 (암전)

—진공 속을 내닫는 중력의 시퍼런 정맥류. (무의미한 세계라면, 자연법칙은 대체 무엇을 위한 변종인가) – 묻는 은하계의 창백한 눈동자. 백억

광년 저편의 초췌한 겹겹의 도플갱어.

　망각의 수액이 서서히 점령하는군, 그것은 아난다미드*라는 멋진 이름을 가졌지, 백억 광년을 건너 도착한 나의 눈빛은 늙은 수인(囚人) 베라 피그넬의 다크서클을 지우고 떠났어, 그때, 우연일까, 지구의 반·알렌帶가 한쪽으로 열리며 기울어진 건, 누구의 비극도 아주 잊혀가지는 않아, 모든 슬픔은 오랜 후 바벨의 도서관에 쌓이지, 천국의 계단을 찾아보아 (암전)

　−갈가리 찢긴 수족의 채찍들. 기계음을 짜내는 골반들의 마찰열. (광기가 아니고는 족쇄를 끊을 수 없다는) 관절통의 명징한 주체성.

　고통으로 몸부림칠 때에만 심연을 흘낏 보게 되지, 분절되었던 신경망이 그 순간에 세로토닌을 내뿜으며 배수진을 펼치는 거야, 믿을 수 없이 강렬한 응집력으로, 가지지 못하여 괴롭거나 모두 가져서 허무할 뿐, 이라고 말할 새도 없이, 살갗에 달라붙어 시간을 파먹는 무수한 구멍들을 메울 틈도 없이, 하체를 산산이 부수는 열락과 함께

　(그리고, 전락)

　　− 마르셀 뒤샹의 「계단을 내려오는 누드」에서 착안함
　　* anandamide: '아난다'는 '축복, 기쁨'이라는 뜻의 산스크리트어

저녁의 근거
―그림자 도시에서 9

날이 저물어 가면 늘 회한으로 가득한 삶이지만
어묵 속에 갈린 등뼈처럼 입안에 서걱이는 시간의
굳은 껍질을 찢던 순간들이 떠오르는구나. 가을날
눈썹까지 차오른 환멸의 생을 경춘선 철길에 패대기치듯
캄캄하게 비 내리는 삼악산 중턱의 절벽 아래로
창백한 손이 허공을 더듬듯, 우연에 맡기려 우리는
자주 떠났고 황혼 속에서 만나곤 했다. 낮은 지붕 위
불꽃놀이의 잔해들과 잔치가 끝난 마당을 맴도는
서늘한 연기는 어떠했는지. 이제는 수몰된 화순 적벽의
붉은 주름살들은 무림의 고수처럼 날아다니려던 가벼운
발목들을 채운 지층의 족쇄가 아니었을까. 너는 때때로
〈실재는 없고 해석만 존재한다〉는 말에 매혹되곤 했지만
나는 한순간도 믿지 않았으니, 그건 어릴 적 나의 맨발이
달궈진 아궁이 덮개를 짚었을 때에 공중으로 튀어 오른
독한 유물론적 통점들의 기억 때문이겠지. 너는 또 강변의
홀연히 사라지는 안개의 덧없는 책략에 대하여 탄식했지만
오직 견딜 수 없는 고통들만이 뿌리에 가까운 거처를
이 우연과 허무의 생에게 마련해 주는 것 아니었는지
젖은 온몸을 인적 없는 어둠에 기대는 잿빛 고양이처럼
한 줌의 양식과 함께 계단을 오르는 나의 텅 빈 저녁은
연락처를 알지 못한 채 점멸하는 수화로만 조우하던
오래전 먼 길 위의 아픈 사랑으로 빛나는 것 아닌지

나의 절친 유령

그를 어디에서도 마주친 적은 없지만
고적한 저녁의 화단에서 나무 한 그루가
이유 없이 흔들리는 순간을 자주 보았다
말이 없으니 내력을 알아낼 수 없으나
그는 확실히 이 아파트 어디엔가 살고 있다
가령 고단한 하루를 마치고 귀가하여
내 영혼이 수직상승할 때에 그는 승강기 벽에
뚝뚝, 소리를 내며 반긴다, 불을 켜놓은 채로
잠이 들면 깊은 밤에 소등을 해주는 그는
한동안은 우리 집 강아지에 빙의하여
더럽고 잔혹한 아침뉴스를 들을 때마다
제 꼬리를 물어뜯으려 팽이처럼 회전하였다

그는 정이 아주 많다, 몇 년 동안 내가
직장 건너편 원룸에서 살던 때에는
내가 그곳 아파트를 잊어버릴까 근심하여
도배라든가 창틀 광고를 주기적으로 보냈다
사랑에 목마른 내가 상갓집을 지날 때면
망자의 영을 섭외하여 어디선가 잃어버린
꼬깃꼬깃한 오천 원 한 장을 주머니 속
뚫린 구멍에 커피값으로 슬쩍 넣어주는데 한편

그는 무척 엄중하다, 눈매가 게게 풀리는 봄밤에는
누구도 몰래 내 아이를 낳아 혼자 키우는 여인을
(그녀는 오래전에 나와 선을 본 여자를 닮았다)
꿈속으로 보내어 나의 밋밋한 일상을 깨운다

하지만 아무리 분노하여도 잔혹한 세상은 절대로
변하지 않음을 깨달은 듯, 요즘 다소 의기소침하지만
그는 여전히 매일매일 부산하다, 스포츠 뉴스에서
먼 나라의 그저 그런 축구선수의 소식을 전하며
〈지성* 절친 에브라〉라고 꼭 지칭하는 기자를 노려보는
정실주의에 젖은 조선조의 후예들은 이 나라에서 모조리
쓸어버려야 한다는 나의 일갈에 깊이 공감하듯
요란하게 어느 집의 철문을 쾅쾅, 내지른다

다혈질인 만큼이나 그는 생에 긍정적이어서
입양했던 딸이 어느 날 조카며느리로 돌변하는
막장드라마에도 베란다 창을 두드리며 낄낄댄다
가끔은 세상을 좀 더 넓게 조망하기 위하여
아파트 뒤쪽 공원에서 날아오르는 풍등에 실려
불빛에 숨을 불어넣으며 공중에 떠 있다가
한참 후에 지상으로 귀환한다, 모두가 잠든 후에는

방황하는 시침들의 그림자를 펼치고 단잠을 청한다
누구의 몸피와도 겹치지 않는 막다른 구석에 쭈그려

* 당시 맨체스터의 축구선수 박지성

루비콘강에 내리는 유성우
−일상다반사 3

어느 흐린 일요일에 K는 보르헤스의 「갈라지는 길들의 정원」을 읽다가 용산 근처에서 깜빡 잠이 들었다.

그때 열차의 좌석을 구성하는 모반의 분자들과 그의 둔부를 지탱하는 우울한 세포들 사이 미세한 불화 때문에 K는 철로 위 공중에 떠 있었다.

남영역을 지난 열차는 후암에 정차했다. 후암역이라니? 그는 휴대전화를 꺼내어 1호선 전철지도를 들여다보았다. 남영역과 서울역 사이에는 후암, 동자역이 확실히 놓여 있었다.

그의 맥박은 평소의 1/3로 뛰었고, 손목시계의 초침도 1/3의 속도로 움직였다.

남대문역 승강장에서 백인 청년이 입에서 불을 뿜으며 동족의 머리 가죽 네 개로 저글링을 연기하였다. 가시면류관과 황금도포로 장식한 흑인 사제들이 〈귀여운 바바리안 녀석이군!〉이라고 외치며 환호했다.

삼성생명역 구내 벽에는 암적색의 플래카드 〈만국의 CEO들이여 단결하라!〉

종각역에서 내려 K는 종로서적 2층 매장으로 올라갔다. 신문에서 본

광고 – 오래 짝사랑했던 배우 이은주의 후일담집 『나는 어느 별에서 왔을까요?』 팬사인회를 두 시간 기다려 그녀의 서명을 받았다.

KAL의 새로운 노선 종착지인 체코공화국의 마을 노베흐라디의 위치를 찾으려 여행서적을 살펴보았으나, 국가별 분류가 사라졌음을 알았다. 세계지도를 펼치니, 모든 국경이 폐지되어 지구는 주홍색 땅덩어리였다.

단일 색상이라니… 세계는 통일된 것인가, 아니면 핏빛 픽셀들로 무한히 분열한 것인가?

직장을 잃은 외교부와 방위부 고위 관리들의 몇 세대 가족들이 파고다 공원에 모여, 외계인침공대책특위 신설을 촉구하였다.

인사동 거리를 지나 안국역 계단을 내려가다가 뒤가 무거워진 K는 화장실로 향했다. 〈R. Mutt 1917〉이라는 상표의 변기*가 샹들리에처럼 눈앞에 흔들리는 장면에 경악하여 항의했지만, 거기는 예술가 전용이라고 안내원은 답했다.

안국역에서 3호선으로 갈아탄 K는 교외로 향했다. 차체 측면에 〈루비콘〉이라는 로고를 부착한 찝차들이 자유로의 바깥, 벼랑을 향하여 전속력으로 달렸다.

만능줄기세포 과학자에게 신도들을 빼앗긴 교주가 독주를 마시며, 고양 벌판의 잔디밭 한 조각에 올라타 정발산 너머로 사라져갔다.

긴급재난문자가 도착. 오늘 밤 페르세우스 유성우가 쏟아질 것이니, 자외선에 눈이 먼 남극 펭귄을 반려동물로 키우는 생태시인들은 유념하시기 바랍니다.

불현듯 전화가 걸려왔다 〈K 작가님, 오늘이 원고 마감일임을 알려드립니다〉. 작가라니? 지적 허영에 젖은 고객상담사에게 웬 기담인가? 중얼거리는 사이

맞은편의 검은 기관차가 차선을 바꾸어 돌진해 들어오자 그는 비명을 내질렀으나, 두 유령들은 짧은 포옹 후에 천천히 멀어져갔다.

돌아오는 길, K는 서울역을 지나 다음 역인 남영에서 내렸다. 쓸쓸한 휴일 저녁에.

* 마르셀 뒤샹의 작품

행적 - 유리벽

그 거대한 유리돔은 안식일 새벽에 소리 없이 내려와[*] 모든 출구를 덮었다. 도시고속도로를 달리는 몇 대의 차량과 이륙 중이던 비행기 한 대가 유리벽에 충돌했을 뿐, 세상은 잿빛으로 고요했다.

보이지 않는 담벼락의 강림으로 가족을 잃은 주민이 방송사에 알렸으나, 민심의 동요를 염려한 당국의 요청으로 무시되었다.

다음날, 거대운석에 의해 세상이 끝장날 수 있음을 역설하는 천문학자의 인터뷰 기사가 아침 신문들의 1면을 일제히 장식했다.

방위청은 강력한 유리면이 자외선을 흡수하여 오존층이 궤멸되어도 시민들은 영원히 무사할 것이라고 공표, 기상대장은 태풍이라는 단어를 잊어도 될 것임을 확인했다.

그해 겨울, 신경증이 도진 밀실공포증 환자가 글라이더로 도시를 탈출하려 하자 수송부는 즉시 모든 비행체를 해체, 사학자들은 다빈치 이후 모든 날틀의 설계도를 폐기하였다.

기억은 혁명을 유발한다, 철학 교수의 건의에 동의한 당국은 이어, 날개를 가진 생물종들을 살처분하였다. 멀리 날지 못하는 닭과 거위, 동물원의 타조들만이 살아남았으며, 린네의 분류학에서 조류가 일체 삭제되었다.

지진을 폐지하려는 지질학자들이 새로운 경계조건 하에서 지층들의 응력을 계산하기 시작했으며, 율사들은 의심이라는 죄목을 법전에 추가하였다. 폭우가 쏟아지는 밤에 소집된 비대한 주교단은 하늘에 계신 아버지를 찾지 않기로 결의했다.

이윽고 철저한 수색 끝에 사르트르 소설 『벽』이 모든 가정과 도서관으로부터 수거되었고, 우주공학자들은 나침반자리, 망원경자리의 별빛을 분산시킬 회전 반사경을 상공에 설치하였다.

영상공학자들은 고된 연구 끝에 유리돔에 비추는 첨단 가상현실을 개발, 인자하게 두 팔을 벌린 스핑크스의 구름 형상을 해 질 무렵에 펼치곤 했다.

몇 세대가 지난 후, 안전한 생에 감사하는 시민들은 바깥세상을 혐오하였다. 하늘벽의 기억은 소진되었으나, 시간의 붉은피톨들이 한 알 한 알 공고한 유리벽에 갇히게 되었음을 누구도 알아채지 않았다.

* 드라마 〈Under the dome〉의 장면

'이그지스트'라는 말을 찬찬히 발음할 때 드러나는 건

기아와 폭식을 반복하는 달의 자학적 이클립스[*]

겨울 아침을 배회하는 바바리맨의 덜렁거리는 실존

설치류 떼에 물려 이 그지 같은 세상을 하직한 초식공룡 화석

Exit으로 오타 한 후의 가벼운 절망

침침한 은하계를 지그재그로 건너 나의 꿈속에서

현관에 버려진, 빨간 아기로 현현하는 일그러진 혜성

* eclipse: 식(蝕)

호수와 사막 사이에
−일상다반사 5

한적한 동네 골목 카페.
세로 간판 〈Coffee Lake〉.
전면에 대형 유리창과 군청색 창틀.
활짝 열린 흰 커튼.

사이로 찰랑대는 겨울호수의 푸른 물결과.
무심히 재잘대며 지나는 민물새우의 무리.
겨울집에서 동면하는 오리배들.

안쪽으로는 고개 숙인 여섯 개의 소형 등대와.
그 아래 등받이 없는 여섯 군데의 초소.
장방형 부두 양 끝으로는 암적색 알라딘 램프.

창 전면에 역상으로 새겨진.
청동색의 〈Coffee & Desert〉.
〈우리는 디저트를 취급하지 않아요〉라고 말하는.
하드코어 바리스타 학교 출신의 여주인.

혹한을 피해 입실, 레몬차를 주문하는 두 낙타.
이쑤시개로 레몬 살점을 떠먹는 단봉낙타와.
경멸의 시선으로 비껴보는 쌍봉낙타.

⟨
호수와 사막 사이에 접근지대 없이

소나무숲과 선인장밭으로 구획된 경계선 위로.
고가철로를 질주하는 금속상자들의 대상행렬 아래.
양안의 참호에서 서로 노려보는.
까마귀 떼와 방울뱀 군단.
가운데로 울려 퍼지는 여왕의 노래.

⟨Too Much Love Will Kill You(Every Time)⟩
⟨Another One Bites the Dust(또 한 놈이 뒈졌다)⟩

호수와 사막 사이.
출렁이는 겨울 물살에 잠긴 발목과.
이글거리는 모래에 맡긴 상반신.

나의 눈썹은 불붙고 발가락들은 얼어붙어.
⟨우리는 양극단의 조화를 중요시하죠⟩.
라고 자랑스럽게 선언하는.
눈부신 양서류 여사장과 함께.

6월의 응혈
―그림자 도시에서 12

외로운 시인의 무덤처럼 풀꽃을 흔들며 날은 저물어
이윽고 두려운 별들의 침묵이 창가에 내린다
아무도 모르게 지갑 속에 쌓이는 먼지에게 말을 걸며
무작위로 배치된 옷본들 앞의 침통한 재봉사처럼 묻는다
이 낮은 저녁에 너는 적멸을 생각하고 있는가?
굶주린 문장들이 사생결단으로 부딪는 세간을 떠나
얼음과 물과 수증기 사이의 머나먼 통로들을 가늠하려는
그 열망을 참으로 이해하지 못하는 것은 아니지만
그러나 잠시 너의 방으로 날아들었다가 홀연히 가버린
날개를 다친 새의 가까운 비명을 들으며 짐짓
영원을 떠올리는 것은 아득하지 않겠느냐, 그것은
시간표를 뜯어보며 시시각각 만나고 헤어지는 열차들의
이마를 떠올리는 고독한 결핵환자*의 몽유와 같은 것
매번 주인이 바뀐 술집과 다시 화친하려는 술꾼이나
밤의 카페에서 소녀가장 시절을 회상하는 여자처럼
사건들의 표리가 만나는 지평을 서성이다가 너의 지도는
그 잔혹한 거리로 말없이 돌아오는 것이겠지, 누군가
드나들 때마다 파안대소하는 주렴의 부서지는 손길에
죽은 새의 날개가 품은 무거운 수증기가 반짝, 너의
눈가에 내리는 이슬방울의 설렘으로 빛나는 그날에는

* 마츠모토 세이초, 「점과 선」

행적 – 폐가

처음 그 마을에 둥지를 틀었을 때, 주민들의 차가운 눈길에 그 컴컴한 집은 몸을 움츠렸다. 그러나 사람들이 무심히 그 앞을 지나치게 되자 사납게 치켜뜬 추녀 위 눈썹을 다정스런 미소로 덮었다. 대형 접시안테나만이 유별났을 뿐 평범한 가옥의 굴뚝에서는 연기가 피어오르지 않았고, 야심한 시각에는 문밖으로 새어 나오는 상형문자들을 포집하는 빗자루 소리가 요란했다.

잡화를 공급하는 길 건너 편의점 주인에 의하면 그 집 마루는 거미줄로 가득하지만 내실은 황금색 벽지로 치장되어 있었다. 한밤에는 밀실에 붉은 전등이 걸리고 마스크로 얼굴을 가린 자들의 회의가 열리곤 했다. 야심 찬 마을 청년이 비밀회의의 일원이 되기를 열망하여 접근했지만, 마당에서 풍기는 지독한 악취와 음산한 음향 때문에 물러난 뒤에는 누구도 얼씬거리지 않았다.

회의의 결정사항들은 주기적으로 군청 게시판에 게시되었고, 주민들을 위한 것임을 누구도 의심하지 않아 모두가 순순히 동의하였다. 매일 정오에는 그 집 지붕의 대형 스피커를 통하여 내보내는 쇳소리 구령에 맞추어 운동장에 모인 주민들이 최대한 팔다리의 힘을 뺀 채로 흐느적거리는 체조 동작을 연습하였다.

어느 해 여름, 나무 위에 올라간 아이의 포충망에 걸린 한 무더기의 난수가 마을 지서로 이송된 후, 그 집은 바싹 마른 돼지들이 사는 축사로 변했다. 접시안테나는 깊은 산중의 통나무집인가 암자로 옮겨졌다는 소문과 함께, 마을의 경조사에서 승냥이의 눈빛을 다크써클로 가린 자들이 〈따뜻한 어둠〉이라고 적힌 명함을 돌리기 시작했다.

한편, K가 절벽에서 비박*하는 사이 도시에서는

매 순간 수많은 피부세포가 윤회한다는 말을 전해 들은 철학자가 아침에 깨어나 〈그대는 누구신가〉, 부인에게 물었다.

〈진실이란 것은 존재하지 않는다〉는 포스트모더니즘 경구를 가슴 깊이 새긴 젊은 시인은, 돈을 갚지 않기로 결심했다.

관측 가능한 우주의 한계에 대해 깊이 연구한 천문학자는 논문조작을 해명하는 기자회견에서 곤혹스런 질문이 시작되자, '거기까지!'라고 외치며 퇴장했다.

술기운에 여자와 밤을 보낸 물리학 조교수는, 물건의 위치의 불확실성 원리에 의하면 그대와 관계한 바가 전혀 불명확하다고 선언했다.

영화 〈매트릭스〉를 본 다음 날, 시대정신에 투철한 작가는 신작 중편을 원고지에 0과 1, 이진법으로 옮겨 출판사로 보냈다.

* bivouac: 야영

이 오랜 슬픔들의 끝없는 생몰이라니

　요란한 빗소리에 잠을 깨니 날이 밝아 있었다. 4층 호텔의 창문 아래로 펼치는 거리는 펭귄들로 가득하였다. 밤사이에 기후가 한랭으로 돌변한 것인가… 부띠끄 상점에는 마네킹 대신에 등푸른생선들이 진열장 안을 활보하였다. 몸을 바짝 붙여 체온을 공유하며 맨 바깥쪽 가장자리를 서로 교대한다는 속설과는 달리, 펭귄들은 어묵카페의 차양 밖으로 밀려나지 않으려 격렬한 몸싸움을 벌였다. 고급 참치식당의 매니저가 어린 점원의 근무태도를 나무라며 뺨을 후려갈기자, 펭귄소녀는 값싼 연미복을 벗어 던지고 급류에 몸을 던졌다. 어제저녁 내가 동전 한 잎을 건넨, 아기를 유모차에 재운 여자가 서 있던 모퉁이에서는 맹인 펭귄악사가 〈눈 없는 얼굴로 울면 온몸은 눈물로 채워지네〉*라는 파두를 불렀다. 티브이 화면에는 수십의 북방 출신 펭귄들을 살해한 범인의 인종적 매니페스토가 전개되고, 평소에 차별적 언행을 즐기는 검은 코트 차림의 펭귄 황제가 현장을 방문하는 장면이 생방되었다. 수백의 이민족 펭귄들이 〈공격용 작살을 금지하라!〉는 팻말을 들고 항의하며, 진보적 펭귄기자들은 거리의 가스등을 밝히는 동물성기름의 출처를 묻고 있었다. 슬픔도 끊임없이 변주하는군 ― 강 건너편 방죽에 앉아 부리로 날개 깃털을 집요하게 뽑는 갈매기를 보며 중얼거릴 때에, 한 아름의 꽃다발을 안고 오전의 술집들을 순회하는 남루한 노파 펭귄이 모태 낭만시인이라고 진실로 믿고 싶었다.

　　* 정용준, 「미드윈터」

K市 체류기 – 에필로그

어미 새가 토해낸 먹이를 새끼들이 외면하다

잊혀져간 여배우가 해바라기에게서 수화를 배우다

왕궁의 불꽃놀이에 기진한 반딧불들이 모래밭에 눕다

옥탑방 개가 짖지 않기로 결심하고 채송화가 뿌리를 소거하다

무궤도전차회사 간부의 주말 공연 〈줄 위의 인생〉을 위하여

하급 직원 부인들이 꼭두각시 인형을 낳다

한없이 낮은 숨결을 가진 성자의 기관지가 임플란트임이 밝혀지다

나의 부재(不在) 중에 찾아온 가스검침원이 불타버린 행성을 향하여 떠난 후

갈대밭에 버려진 아기를 미토콘드리아 이브[*]가 거두어들이다

* 아프리카에서 발견된 인류 최초의 여인 '루시'

소리 없이 나의 어둠에 닿은 화물열차

　소란한 역내 방송에 섞여 누군가 속삭인 듯, 꿈속에 나타나는 검은 외투의 우울한 여인이 아닐까 생각했다. 그러나 뒤돌아보니 비에 흠뻑 젖은 강철 지네였다. 나는 "진실로 오랜만이네, 잠자*여!", 외칠 뻔했다. 안경에 서린 수막을 닦아내고 보니, 그 육중한 생물은 아무도 눈여겨보지 않는 바깥 선로에서 부르튼 발목을 쉬이며 형형한 눈빛으로 숨을 고르고 있었다. 이 검은 대기를 벗어버리지 않겠나… 말을 건넸으나, 옛집 창밖으로 비치는 불빛과 식구들의 왁자지껄한 웃음을 어둠 속에서 응시하는 탈옥수의 형상으로 바라보고만 있었다. 철로와 불화를 빚었던가… 시베리아 눈밭과 캄캄한 항구를 그리는가… 물으려 한 발자국 옮길 때에, 녹슨 수인(囚人)은 세차게 머리를 흔든 후, 쇠사슬을 쩔렁거리며 떠나고 있었다.

　　* 카프카 소설 『변신』의 주인공

낙원에서의 첫 에피소드

축축하고 어둑한 수난곡을 들으며 잠들고 싶지만
조용한 어촌의 여인숙에서는 음악을 불러올 수가 없다
컴컴한 복도의 서가에 꽂힌 몇 편의 에로영화와
낡은 비디오 기계의 입속에 털어 넣을 먼지투성이 명화뿐
〈리어왕〉을 각색한 옛 영화에서 영주는 허공을 향하여
세계의 잔혹함과 허무함을 울부짖는다

요릭*, 아침에 펼친 신문의 부고들을 의심해 보았느냐?

늙고 지친 군사(軍師)는 눈보라 속으로 멸절해 가고
영화의 엔딩 크레딧은 감사의 이름들을 밀어 올린다
조연출과 조명, 소품과 음향 등 끝나지 않는 묘비명들처럼
거기에는 모든 애정과 모든 갈등, 이해와 질시가 있다

요릭, 너의 귓불에 닿은 뜨거운 입김을 회의해 본 적이 있느냐?

영화의 기나긴 자막을 이어받아 결코 펴낼 수 없는 책에
추억의 부록을 써내려간다, 얼마간의 선의와 격려를 떠올리며
그러나 한편 그들의 지독한 편견과 경계, 시기를 돌려주며
그 이름들을 하나씩 기억으로부터 삭제해 간다
그들 대부분은 나의 문장을 원한 것이 아니었다

다만 재물과 지위를 긴히 사용하고자 했을 뿐

요릭, 다정한 표정들의 이면에 숨은 음험한 저의를 꿰뚫어 보았느냐?
세도가들이 하사하는 빵부스러기에 무릎을 꿇었느냐?

파도가 밀려드는 고풍한 벽에 비스듬히 기대어
좌절한 시인이 최후적으로 시의 여신을 만나려 하는 순간
바닷물을 담수로 만드는 플랑크톤과
수만 광년 떨어진 블랙홀의 다정에 골몰할 때에
인간의 목소리를 모두 배타해야 함은 당연한 것

요릭, 누군가 한밤의 광장에서 Gullible! Gullible!
너에게 외치는 소리를 들었느냐?

심해를 밝히는 전기뱀장어의 고뇌와
온몸을 비틀며 공중에서 몇 초 동안
숨을 내뱉는 물고기들의 자유를 보느냐?

이제 그들과의 신용거래를 모두 종결하며
성탄전야의 들뜸과 새벽기차의 설렘을 소거한 채로
희미한 떠돌이별의 눈동자를 감싼 한 모금의 수증기가 되어

옛 작가의 참으로 가슴 아픈 문장**을 중얼거리며
죽음보다 더 흰 잠 속으로 사라져갈 뿐

* 『햄릿』에 등장하는 두개골의 이름

** 나쓰메 소세키, 『그 후』 - 〈어차피 하나의 인간으로서 살아남기 위해서는 다른 사람들로부터 미움을 받게 될 운명에 봉착할 것이 틀림없다. 그때 그는 조용히 남의 눈에 띄지 않는 차림을 하고 거지처럼 뭔가를 찾으면서 사람들로 붐비는 거리를 서성일 것이다.〉

나는 증인이 되고 싶지 않아*
―그림자 도시에서 14

오전 3시. 누군가 문을 두드리는 소리에 퍼뜩 잠에서 깨다. 꿈속을 흐르는 영화의 한 장면이었을까?

의도적인 노래 〈슬픔도 지나고 나면〉 - 오래전 내 그리움에게(안부를 묻는다). 회상해 보면, 사람을 그리워해 본 적은 별로 없었다. 깨진 연애의 아픔 같은 것이 가끔 앙금으로 가라앉았을 뿐.

화면을 가득 채운, 안개 속 샌 프란시스코의 금문교를 점령한 시위군중의 고함소리.

〈From fury to desire〉 - 로베르토 볼라뇨.

분노의 자리를 결국 욕망이 점령할 것이다. 세상의 통속함을 수많은 배신의 무대가 증언하지 않았던가?

그러나 동굴 속으로 걸어 들어가는 사람들은 집단을 이루지 않는다.

그날, 출근길에서 터널 속 한 뼘의 인도를 스쳐 간 두 남녀는 광휘로 가득한 평행세계로 건너갔을까?

영화 〈인간실격〉 - 소설가의 각혈, 여자와 동반자살. 물속에서 번쩍, 눈을 뜨는 마지막 장면의 블랙 코미디.

화면 가득, 먼지 가득한 봄날의 들판과 〈Dusty Springfield〉라는 이름의 옛 여가수. 〈내 마음의 풍차〉.

〈

〈출생의 비밀〉이라는 가공의 간절함. 도대체 누가 자꾸 가련한 아기들을 세상으로 내보내는 것일까?

인생의 핍진함을 수많은 막장 연속극들이 열어 보이지 않았던가?

비 온다. 베란다의 방충망을 열고 손바닥에 몇 방울의 축복을 맞는다. 하지만 행복은 너무나 짧아.

무거운 이불을 털어내다가 블랙홀로 빨려 들어간 여자의 종말을 어둠 속에 떠올린다. 진공은 없다. 얼마간의 온기와 대부분의 악의만이 존재할 뿐.

그녀가 마지막으로 공중에서 증오를 여읜, 체념의 미학과 함께했기를 기원한다.

누구나 견고한 욕망의 거대한 성채 아래에서 패잔병으로 사라질 뿐. 구원의 길은 오직 성간을 방황하는 태초의 수소로 분쇄되는 방식이니. 무기질에서 다시 시작하는 것이니.

선인장 잔가시들이 은하계 바깥을 향해 뻗어나간다.

어디선가 식탁과 은수저들이 광속으로 작별하는 소리.

〈

⟨나는 기도했다/ 신은 기체일 것이다⟩[**]

하면, 진공보다는 은혜로운가? 나는 침묵한다. 기체법칙의 냉혹함을 이미 오래전에 누군가 확인하지 않았던가?

[*] 페터 후엘, 「겨울의 시편」에서 차용
[**] 성동혁, 「삭망월」

낙원에서의 두 번째 에피소드

얼마나 오래 항명 중이었던가? 양 손목을 죄어오는 운명의 악력을 거부한 적도 인정한 적도 없다. 다만 시간이 부족해질 때가 오고야 말 것이니.

탈피동물에 철갑의 옷을 입히는 실험을 실행한 적이 있는지? 나의 노트에는 〈자진하여 장렬하게 개미들의 먹이가 되었음〉이라고 적혀 있다.

아주 먼 도서관의 작은 뜰에서 꽃잎 위를 일렁이는 파문들을 살피고 있다. 나에게 말을 걸어오던 네 양산의 둥근 무늬들이 나무 그늘 아래를 서성이고 있다.

내디딜 한 뼘의 땅도 없는 목성의 표면을 유영하는, 돌개바람처럼 팔을 휘두르며 나비가 화면 안으로 입장한다. 끝없이 형상을 이루려는 별자리들의 노고를 이제는 믿는지?

말없이 서가에 서 있는 책들과 붕붕거리는 차량들의 흐린 시선. 요즘 자주 눈이 어두운 것들을 사랑하게 되는구나.

묵묵한 도서관의 기둥들과 그저 비추기만 하는 유리창들, 처음부터 세상을 바꾸려 하지 않았던 것들은 순리를 거역할 필요가 없을 테니

벌거숭이 도시빈민의 후예가 대학자의 꿈을 꾼 대역죄는 어떠했는가? 결국 순수하게 존재하는 건 목덜미에 내리꽂히는 증오뿐이 아니었는지? 나의 열망은 많은 이들을 상하게 했으므로

〈

　견딜 수 없는 고독과 오랜 부정맥 후에 시인이 된 사연을 너는 짐작했을 것. 그러나 그것이 또 다른 항명이었음을 알아채었는지?

　이 낮은 뜰 구석에 우두커니 서 있는 플라타너스의 꽃말이 용서인가? 그렇다면 용서와 운명은 어떻게 손을 잡는가? 나는 알지 못한다, 내가 버린 이들이 회한 속으로 돌아올 수 있을지.

　나의 검은 푸념에 귀 기울인 후 옥상에서 투신한 젊은이가 있었다. 이제는 나를 용서하는가? 용서와 나의 항명은 비극으로만 만나는가?

　눈물과 기억과 분노, 이생은 결국 통속의 시간 속으로 사라져 가는 것, 내가 떠나도 죄 많은 피부세포들은 한동안 이곳의 토양을 침해할 것이니.

　이제 곧 저녁이 내리고, 전령들을 떠나보낸 수국은 깊은 몽상에 빠진다. 그곳은 어떠한가? 너는 하루 종일 옥죄던 통증을 풀며 이제 붉은 베일이 내려앉는 거리로 나서는가?

　대기를 가득 채운 에테르의 유혹과 악착같이 따라붙는 그림자를 떼어낼 꿈을 꾸며 도리질하는, 불멸의 가위를 품고 불빛 속으로 들어가는가?

흔(痕)

기이하지 않은가, 기별도 없이 사라지는 것들이 있다니.

카페 〈브라질〉의 가파른 계단을 내려선 순간, 몹시 외로운 발걸음이 귀를 울렸다. 사랑받지 않는 땅에서 뿌리로 걷는 야자,[*] 숲을 떠난 나무는 돌아오지 않았다.

비 내리는 거리, 누군가 벽 속에서 〈매일 고독의 기록을 깨는 챔피언들〉[**]이라고 중얼거렸을 때, 빗방울들은 지상으로부터 떠올라 중음(中陰)으로 향했다.

내 컴컴한 가방을 걸어 나간 빗속의 네루다 시집, 수첩 속 쓸쓸한 노래 제목들. 천사는 기침하지 않는다고 굳게 믿은 어린 영혼의 짧은 삶, 퇴색한 책표지.

기이하지 않은가, 기약도 없이 기꺼이 사라지는 것들이 있다니.

에릭 사티, 할미꽃, 스피노자, 삼엽충, 세상 밖으로 나간 것들의 잔영이 서성이고 있다.

가브리살을 태우는 소리, 천사 가브리엘이 전하는 마지막 나날들[***]에 골몰할 때에

재의 수요일, 이마에 성회(聖灰) 십자가를 그은 늙은 사제가 파안대소하며 아득히 멀어지고 있다.

* 아마존 밀림에는 환경이 적당하지 않으면 이동하는 야자나무가 있다고 함
** 로맹 가리, 『천국의 뿌리』
*** 가브리엘이 다니엘에게 나타나 마지막 날들의 환상에 대해 말함(Daniel 8:15~17)

매혹

꽃들은 그의 손길을 반기지 않았다
스쳐 가는 고독한 등을 사랑했을 뿐 그는
여행에서 돌아올 때마다 다른 사람이 되어 있었다
애인을 바꾸고 묵은 식성과 가구들을 모두 버리는 등
어느 해 겨울에는 자작나무와 보드카를 실어 나르던
해변 철로의 흔적을 찾으려 북해를 떠돌다가
한동안 군산 경암동의 철길마을에 둥지를 틀었다
파트릭 모디아노의 소설 속 아무도 기억하지 않는 인물
몇십 년 동안 수많은 남의 사진 속에 배경으로만 남은
어느 날 홀연히 사라진 해변의 사내를 선망했다
그는 섬나라의 외딴 포구로 귀항하는 밤배들 사이로
왁자지껄한 송년 파티를 듣고 있다
현의 애절한 떨림과 함께 간간이 환성이 터져 나오는
12월의 연찬에 초대받지 않았으니 누구도
그의 노래로부터 마이크를 거두는 일은
결코 없을 것이어서 행복하다
아침이면 마을의 노파들이 오징어를 구워 파는
가판대에 앉아 그는 좌중의 어느 누군가
몸속으로 흘리는 눈물의 명암과 가슴을 가로지르는
혈액의 점도를 가늠하여 꽤 오랫동안 드나들던
남의 잔치에서 한 줌의 목소리를 남기려 했음을

몹시 저어하며 이제는 작별의 인사도 없이
표표히 그 음습한 장을 떠날 결심에 발목을 데우며
강물 위로 옛집이 둥둥 떠내려가는 꿈과
봄날의 빗방울들을 불 지르는 백일몽
지하철 탑승구의 노란선 밖에 서 있는 여자와
돌연 사랑에 빠지는 긴 몽상에 다시 설레며

산문

「시인의 촉」

시의 〈재미〉를 생각한다

  문학의 몰락에 대해서는 너무나 많은 사람들이 말했기 때문에 새삼스럽지도 않고, 또한 그 원인에 대해서도 수많은 전문가들이 심층적인 조사를 반복했지만, 일반독자들의 입장에서 보자면 문학작품을 읽지 않는 가장 큰 이유는 아마도 다른 예술장르에 비하여 문학작품을 즐기기 위하여 소비해야 할 시간이 많고, 또한 상대적으로 덜 '재미' 있기 때문 아닐까? 예를 들면 알렉상드르 뒤마의 시대에는 전자게임이라든가 영화가 존재하지 않았기 때문에, 신문에 연재된 『몽테크리스토 백작』이 당시의 가장 중요한 오락거리였다. 우리에게도 일간지의 연재소설이었던 『별들의 고향』의 추억이 생생하게 남아 있다. 물론 70년대에는 휴대전화가 없었으니, 전철에서 신문을 펼쳐 연재소설을 읽던 장면이 그리 낯설지 않았던 것이다. 하지만 이제 신문 연재소설은 생명을 마친 지 오래다.
  예술은 여러 사회적 기능을 가지겠지만, 그중에서 '유희적 기능'은 매우 중요하다고 생각한다. 사람들이 예술을 소비하는 것은 일단 그것이 '즐겁기' 때문이다. 영화의 예를 들면 이는 즉시 이해될 수 있겠다. 문학이 예술의 한 형태라면, 문학에서도 이는 예외가 될 수 없다. 요즘 주목받는 김금희 작가의 말을 들어보자.

  궁극적으로 문학을 통해 전하려는 메시지가 있고 이걸 통해 이 사회가 어떻게든 흔들렸으면 좋겠다는 마음이 있다면 잘해야 되는 거예요. 그래야 읽거든요. 글 자체가 좋고 흥미 있고 문학적으로 가치가 있은 다음에야 메시지가 마음을 움직일 수 있어요. 읽히지 않으면 답이 없어요. 소설은 사람들이 읽어서 좋고 재밌는 부분이 어쨌거나 있어야 해요. 소설이 이야기라는 형식을 띠게 된 데도 이유가 있잖아요.

— 〈시사IN〉 2018. 12. 4.

이 발언은 문학 중에서도 소설에 대한 것이고 시는 여러 면에서 소설과 분명히 다르기는 하지만, 시인들이 이에 귀를 기울여야 한다고 나는 생각한다. 시인들은 '잡놈들만이 소설을 쓰는 거지'라든가, '시는 언어의 보석'이라는 말과 함께 고고한 문장과 멋진 걸음걸이로 '폼'을 잡을 수도 있겠지만, 독자를 떠난 시는 과연 무엇일지를 생각해야 한다. 내가 보기에 많은 시들이 너무 고고하고 엄숙하다. 거의 속세를 떠난 신선처럼 공중을 붕붕 날아다니는 시도 무수히 발표된다. 또한 난해하고 지루하다. 그러나 꼭 그럴 필요가 있을까? 시의 장르적 특성(은유와 상징에 의한 간접화법, 문장의 긴장 등등)을 유지하면서 시가 재미있을 수도 있지 않을까?

> 문제는 한국문학이 어느새 재미가 아니라 의미만을 찾는 장르가 되었다는 것이다. […] 비평은 언제나 의미를 향해 있지만, 문제는 그 의미를 구성하는 '개념'과 '사유'에 지나치게 의존하고 있다. […] 당연히 그러한 맥락과 대의에 기대어 텍스트를 '호명'하는 비평은 비평의 현장을 지나치게 엄숙한 곳으로, 그리고 대중 독자의 관심과는 먼 곳으로 데려간다. […] 그러니 어쩌다 문학 텍스트를 접하게 되는 일반독자에게 있어서 그 과도한 의미의 무게를 감당하는 일이 버겁지 않을 수 없다.
>
> — 박인성, 「재미도 없고, 의미도 없는……」(『모든시』, 2018년 겨울) 부분

이는 비평에 대한 언급이지만, 시에 대해서도 마찬가지로 말할 수 있을

듯하다. 많은 시인, 평론가들은 시의 '재미'가 언어적 재미라고 생각하는 듯하다. 물론 시의 재료가 언어이고 더구나 시는 언어의 보석이니 도발적인 언어, 문장 간의 뜻밖의 도약, 단어의 생경한 의미부여 등등은 시적 긴장감을 주는 가장 중요한 요소일 수 있겠다. 실제로 많은 평론가들도 시를 분석할 때에 이러한 측면을 강조한다. 그러나 나는 이들이 이러한 '언어유희'의 기법들을 '지나치게' 강조한다고 생각한다. 물론 언어유희가 시의 유희적 기능의 탁월한 수단임을 부인하는 것은 아니지만, 이는 너무나 시인 및 평론가들의 관점에 치우친 것 아닐까? 일반독자들의 입장에서 보자면 이러한 언어유희는 허무맹랑한 '말장난'으로 보일 가능성이 매우 큰 것이다. 언어에 대한 탐색을 시인들은 각자의 방에서 고민하면 될 것이지, 이것을 시편으로 제작하여 독자들에게 펼쳐 보일 필요는 없다고 생각한다. 어차피 일반독자들은 언어에 대한 방법론적 문제에 별 관심이 없을 것이고, 이는 좋은 시의 필요조건일 뿐이기 때문이다.

　자연과학의 예를 들어보자. 대중과 소통하고자 하는 극소수의 과학자(지금은 작고한 천문학자 칼 세이건과 같은)들이 존재하지만, 대부분은 대중과 단절된 채로 연구에 몰두하고, 대중이 읽기를 기대하지 않는 논문을 발표한다. 그나마 자연과학 연구결과의 소통은 특정분야(천문학, 진화생물학 등)에서만 가능하다. 시를 이러한 입장에서 극소수의 전문가들의 전유물로 생각하는 것도 가능하겠다. 그러나 문학(시)이 인간세상에 대한 사유와 관찰에 근거한 것이라면, 이를 자연과학의 수준으로 끌어내리(올리)는 것이 과연 바람직한가, 생각해 보아야 할 것이다. 문학(시)의 독자들이 자연과학 논문의 독자들보다는 훨씬 많아야 하지 않겠는가?

　일반독자들을 아예 외면한다면 별문제가 없겠지만, 또한 많은 시인들은 실제로 대중독자들을 완전히 무시하고 있지만, 시의 사회적 영향력을 걱정하는 시인 및 평론가들은 좀 더 다른 측면에서 '시의 재미'를 고착할 필요가 있고, 시의 재미를 구성하는 요소들에 대하여 새로운 각도에서 볼 수 있다고 본다. 소설 중에서도 재미없는 작품은 얼마든지 많다. 나는 프란츠 카프카의 소설이 위대하다고 생각하지만, 예를 들자면 그의『성채』는 현대적인 안목으로 보면 너무 재미가 없다. 나는 이 소설을 통독하려 노력했지만, 매일매일 몇 쪽의 문장들 사이만을 지날 수 있을 뿐이었다. 카프카는 좀 더 재미있게 쓸 수 없었을까?

물론 문학에서 추구하는 재미가 만화라든가 드라마에서 드러나는 재미와는 다를 것이다. 카프카의『성채』는 문학적인 관점에서 나름대로의 재미를 보이는 것이라고 말할 수 있을 것이다. 카프카의 의도가 처음부터『성채』를 지루하게 이끌고 가는 것이었을 수도 있겠다. 소설의 주인공이 끔찍하게도 집요하고 지루하게 성채에 다가가려 하는 그 과정 자체를 의도했을 수도 있겠다. 이를 부정하지는 않지만, 나는『성채』가 '좀 더' 재미있었으면 하는 바람을 말하는 것이다. 카프카의 소설들이 상당히 많은 연극적 요소를 포함하고 있다는 사실은 자주 지적된바 있는데, 그렇다면 카프카는 좀 더 극적인 재미를 넣을 수 없었을까? 실상 시와는 달리 소설이나 산문에서는 이러한 재미가 작품의 성공을 위한 매우 중요한 요소이다. 가령 최인호의 단편소설「술꾼」을 보자. 고아의 비극적 삶을 표현하는 작품들은 그 이전에도 많았겠지만, 최인호는「술꾼」에서 고아의 이야기를 우스꽝스러운 꼬마 술꾼으로 풀어냈다. 거의 블랙 코미디와 같은 수준으로. 그것이 이 작품의 '재미'를 가능하게 한 요인일 것이다. 이것이 시에서도 가능할까?

박지웅 시인의 다음 작품을 보자.

해골가족이 손가락뼈를 맞추고 있다

아이 턱뼈가 빠지자 아빠가 늑골을 덜거덕거리며 웃는다
함박웃음은 골칫거리다
터진 웃음을 견디지 못한 엄마가 무너지고
아빠는 유골을 더듬어 하나하나 뼈를 맞춘다
뼈가 붙은 엄마는 벽을 잡고 일어나
아이부터 껴안는다, 비록 품은 없지만 곁은 있다
해골가족은 애태울 일도 속 썩을 일도 없다
창자도 쓸개도 내놓은 덕분에 이만큼 산다
아빠의 입에서는 더는 독한 술내가 나지 않는다
세상을 뼛속까지 이해한 뒤로 아예 속 비우고 산다
이 집의 모든 것은 뼈다귀로 이어져 있다
시린 뼈로만 엮은 울타리 아래 해골을 드는 해바라기
연못에 가라앉은 붕어들이 구천을 떠도는 곳
그래도 낙은 있다 땅거미 지고 달의 눈알이 차는 밤
빈 얼굴에 진흙을 겹겹이 바르면
아이 얼굴에 솜털이 나고 생기가 돌기 시작한다
엄마는 그 빛나는 몰골을 들고 거울 앞에 서서
눈썹을 그리고 새로 돋아난 손톱에 매니큐어를 칠한다
의젓하게 다리 꼬고 앉아
아빠는 뼈대 있는 집안의 가장이 된다
가족은 오랜만에 지하에서 올라와
그림자를 마당에 힘차게 자랑스레 늘어뜨려 본다
그러나 그것은 곧 시작된다
달에 검버섯처럼 구름이 피고 마른 귀 하나 떨어진다
동그랗게 뚫린 흑점 같은 눈 속으로 찬바람이 불고

가족은 해골로 돌아간다
아침이 밝아온다. 태양이 뼈다귀 사이로 떠오른다
손은 있지만 손바닥은 없어진다
발은 있지만 발자국은 없어진다
세상과 저세상 사이에, 생가와 폐가 사이에 타인이 산다
덜거덕, 덜거덕거리는 이를 악물고

— 박지웅, 「타인의 세계」 전문

　시인은 살지도 않고 죽지도 않은 기이한 가족에 눈을 돌린다. 밤에 뼈를 맞추며 깨어나 아침에는 다시 해골로 돌아가는, 이승과 저승의 경계에 기거하는 가족을 불러오며 시인은 무슨 말을 하려는 것일까? 이 가족의 소망은 죽음에 더 가까이 있는 듯하지만, 시인은 이 가족이 활보하는 밤의 시간이 조금 더 길어지면 좋겠다고 말하는 것 같다. 삶과 죽음은 누구에게나, 어떤 가족에게나 시간 속에서 동조하는 것이지만, 이 뼈대 있는 가족의 이야기는 왠지 눈물겹다. 시인은 이 가족의 생을 '타인의 세계'라 눙치며 젖은 눈을 슬쩍 먼 곳으로 돌리려 하는 것일까? 아니면 세상에서 결코 활개를 칠 수 없는 가족이 마주하는 세상이, 자신들과는 전혀 상관없는 '타인의 세계'라는 것일까? 어느 경우이든, 나에게는 어쩔 수 없이 무덤이 아닌 반지하 방에서 몸을 부스스… 일으키는 빈민 가족이 떠오른다. 이 작품을 재미있게 만드는 요소는 무엇일까? 그것은 언어유희가 아니다. 이 시에서는 언어실험이나 언어유희에 해당하는 부분을 찾기 어렵다. 이 작품을 재미있게 만든 요소는 언어보다는 '장면'인 것 같다. 심경섭 시인이 말하듯, "아름다운 문장보다 아름다운 장면"이 작품에 독특한 재미를 주는 것 아닐까. 그 결과로 독자들은 시를 읽으면서 흔히 겪는 '두통'에 시달리지 않으면서도 시의 재미를 만끽할 수 있겠다. 우리는

이 작품을 읽으며 블랙 코미디와 같은 분위기에 빙긋이 미소를 지을 수도 있지만, 이 코믹한 요소가 가난한 가족에 대한 연민과 공감을 전혀 훼손하지 않는다. 시인은 메시지를 촌철의 강렬한 유머와 기이한 장면들에 담아, 마치 표현주의 영화와 같은 강렬한 정서적 효과를 발현한다.

이야기의 도입은 어떨까? 내가 시에 스토리를 도입하는 문제를 제기하자, 어떤 시인은 정색을 하며 그건 소설에서나 가능한 것이라고 반응하였다. 물론 소설적인 스토리를 시에 직접 시도하는 것은 불가능하겠고 바람직하지도 않을 것이다. 일단 시의 길이가 그것을 허용하지 않을 것이기 때문이다. 그러나 매우 함축된, 긴장을 늦추지 않는, 고도의 은유와 상징에 근거한 스토리라면 어떨까? 시의 장점을 전혀 훼손하지 않으면서도 소설의 형식을 도입하는 것은 어떨까? 시의 난해함과 재미없음을 해결하는 수단이 될 수 없을까? 다음 작품을 보자.

늦은 가을 저녁 어두운 골목을 지나는 나의 텅 빈 시선 끝에, 그곳은 심해에 내려진 어항처럼 홀연히 떠올랐다. 방파제 바깥을 응시하는 밍크고래의 매끄런 뱃살을 닮은 푸른 간판에 손을 대었을 때에 – 나의 동공에는 사막에 세운 조화의 두텁고 매끈한 이파리들이 부유하였다. 그 적막한 클럽 안에서는 반짝이는 은빛 도구들이 부딪는 차가운 소리만이 간간이 흘러나올 뿐, 비스듬한 의자들의 미간에는 표정이 없었다. 맞지 않는 틀니처럼 생경한 삶과 결별하고자 낯선 빛살로 가득한 그 해연에 내려앉으니, 빛나는 머리칼을 말끔히 빗어 넘긴 그곳의 과묵한 현자는 한 달 동안 자란 나의 미망을 무심히 잘라내어 바닥에 흩뿌릴 뿐 – 처음부터 다시 시작하고 싶다고 내가 고백하려 할 때에, 그는 나의 어깨를 툭툭, 두들긴 후 내 몸에 걸린 수도자의 푸른 도포를 냉정하게 거두었다. 안경을 벗긴 채로 몇 분 사이 거울 앞의 생을 가늠하려 한 나를, 아무런 실마리도 없이 – 다시 캄캄한 성간으로 돌려보내며.

– 「블루클럽」 전문

이 작품에 제시된 '스토리'가 무엇인지 알아채는 것은 별로 어렵지 않다. 실화 또는 묘사에 가까운 생의 어느 한 장면이 담담하게 펼쳐져 있다. 여기에 살을 붙이면 짧은 소설이 될 수도 있겠고, 영화의 한 장면으로도 삽입될 수 있겠다. 그러나 그 '스토리'를 산문이 아닌 시에 녹이려면 물론 시적 장치들이 필요하다. 이 작품에서 개그콘서트와 같은 재미는 물론 찾을 수 없다. 시에서는 슬랩스틱 코미디라든가 희극적 영화에서와 같은 재미를 추구하기가 어렵다. 일단, 시는 짧기 때문이고 또한 간접화법을 사용하기 때문이다. 소설에서처럼 풀어진 이야기가 아니라, 시의 아름다움을 구성하는 긴장과 감동이 적절히 사용된 스토리가 시의 재미를 위해서 바람직할 것이다.

결국 시의 재미는 시의 장르적 특성을 충분히 유지하면서 좀 더 새로운 형식으로 표현함을 뜻한다고 말할 수 있겠으니, 이는 새로움, 유익함, 진정성 등, 좋은 시를 구성하는 요소들과의 조화 안에서만 가능하다고 하겠다. 이를 위해서는 새로운 형식에 대한 시인의 치열한 고뇌와 탐색이 필요할 것은 자명하다. 시 한 편을 아예 블랙 코미디로 채우면 어떨까?

> 다난한 총체적 위기와 반목의 시절을 겨누어 화살촉에 꽂은,
> 〈외환 방어와 경제활성을 위해 국내에서 골프를 즐기시라〉는
> 위정자의 당부와, 〈골프장에서 담은 인증샷을 올리겠〉[*]다는
> 충복들의 화답은 또 얼마나 캄캄한 소극(笑劇)인가, 진실로
>
> 〈모히토에 가서 몰디브를 마신다〉는 신선한 개그보다
> 훨씬 돋보이지 않는가, 가가대소하다가 기진할 만큼이나.
>
> […]
>
> 이 밤, 자정에 깨어 눈 비비며 보는 프랑스 영화[**]의 장면
> 철학자 쟝 솔 파르프르 씨의 지독히도 난삽한 강연에 보내는
> 명랑한 군중의 갈채는 얼마나 갸륵한가, 짠 눈물을 글썽이도록.
>
> * 노컷뉴스 2016. 9. 26.
> ** 〈Mood Indigo〉

—「블랙 코미디」 부분

이름들

요즘 우리 동네에 새로운 커피집이 문을 열었다. 내 원래 단골은 중심 상가의 찻집 〈인디고 블루〉였는데, 거기서는 녹차 한 잔을 2천 원에 즐길 수 있었기 때문. 시간 여유가 생기면 그곳에서 몇 시간을 죽치며 잡지도 읽고 이런저런 생각에 빠지기도 했었다. 그곳이 폐업한 후 정붙일 곳을 찾지 못하다가 아파트 바로 건너편 골목에 개업한 이 커피집을 지나며 가격이라든가 분위기 등등을 슬쩍 엿보다가, 이제는 평일의 퇴근길이라든가 토요일 오후에 〈Coffee Lake〉에서 좋은 음악을 들으며 빈둥거린다. 커피의 호수라니, 멋지지 않은가. 지난 주말에 나는 유자차를 마시며 묵은 시 잡지를 통독한 후 그 집을 나오는데, 문에 씌어진 물빛의 단어들을 보고 화들짝 놀랐다. Coffee & Desert. 독자들은 이미 나의 의도를, 그 여닫이 문에 〈커피 & 사막〉이라는 두 단어가 새겨진 사연을 파악하였으리라. 이 때, 사막(desert)인지 디저트(dessert)인지를 묻는 시인은 하수이겠다. 나는 여사장에게 그 사연을 물어보지 않았는데, 하수가 되기를 바라지는 않았으므로. 그 순간 나의 뇌리를 친 것은 커피 호수와 커피 사막 사이의 멀고도 가까운 간격. 이것은 시의 여신이 나에게 준 선물이 아닐 수 없다. 그것도 유자차 한 잔의 너무나 싼 가격으로! 이 귀한 하사품을 시로 옮기는 것은 그러나 또 다른 문제여서, 나는 몇 달째 끙끙거렸다.

  한적한 동네 골목 카페.
  세로 간판 〈Coffee Lake〉.
  전면에 대형 유리창과 군청색 창틀.

활짝 열린 흰 커튼.

사이로 찰랑대는 겨울호수의 푸른 물결과.
무심히 재잘대며 지나는 민물새우의 무리.
겨울집에서 동면하는 오리배들.

안쪽으로는 고개 숙인 여섯 개의 소형 등대와.
그 아래 등받이 없는 여섯 군데의 초소.
장방형 부두 양 끝으로는 암적색 알라딘 램프.

창 전면에 역상으로 새겨진.
청동색의 〈Coffee & Desert〉.
〈우리는 디저트를 취급하지 않아요〉라고 말하는.
하드코어 바리스타 학교 출신의 여주인.

혹한을 피해 입실. 레몬차를 주문하는 두 낙타.
이쑤시개로 레몬 살점을 떠먹는 단봉낙타와.
경멸의 시선으로 비껴보는 쌍봉낙타.

호수와 사막 사이에 접근지대 없이

소나무숲과 선인장밭으로 구획된 경계선 위로.
고가철로를 질주하는 금속상자들의 대상행렬 아래.
양안의 참호에서 서로 노려보는.
까마귀 떼와 방울뱀 군단.

가운데로 올려 퍼지는 여왕의 노래.

⟨Too Much Love Will Kill You(Every Time)⟩
⟨Another one bites the dust(또 한 놈이 뒈졌다)⟩

호수와 사막 사이.
출렁이는 겨울 물살에 잠긴 발목과.
이글거리는 모래에 맡긴 상반신.

나의 눈썹은 불붙고 발가락들은 얼어붙어.
⟨우리는 양극단의 조화를 중요시하죠⟩.
라고 자랑스럽게 선언하는.
눈부신 양서류 여사장과 함께.

- 「호수와 사막 사이에 - 일상다반사 5」 전문

어떤 사물에 붙은 이름은 처음에는 그저 그 사물을 지칭할 목적으로 만들어졌을 것이다. 누군가 아주 오래전에 커피를 커피라고 이름 붙였을 것이며, 그것이 커피에 주어진 많은 이름들 중에서 살아남았을 것이다. 푸른 눈의 누군가가 사막을 오래전에 desert라고 이름 지은 것처럼. 사물과 이름 사이의 관계는 시간이 지나면 그 사물을 지칭할 뿐 아니라, 때로는 그 사물에 대한 기억을 불러일으키기도 하고, 그 사물의 여러 특성들을 포함하는 관념으로서도 작용한다. 코히(커피의 일본식 발음)와 Kaffee, 자스민차와 말리차(茉莉茶)는 상당히 다른 감각을 불러일으키는 말들이다. 그 말들의 언어적·사회적 함의가 다르기 때문이다.

어떤 사람들은 사물에서 이러한 사회 역사적 요소들을 완전히 배제하여 사물 자체를 인식하려 노력한다. 말하자면, 인간의 손길이 묻기 전의 사물을 보고자 하는 것인데, 나는 이것이 관념에 지나지 않는, 가능하지도 않고 오히려 무용한 생각이라고 본다. 우선, 하나의 메타포로서는 좋을 수 있겠지만, 그것이 가능하겠는가? 나는 사물의 본 모습이라든가 하는 관념이 지나치게 머리가 좋고, 멋지게 말하기를 즐기는 사람들의 공리공론이라고 생각한다(문학잡지를 받아 보면 이러한 부류의 사람들이 꽤 많다는 사실을 알게 된다). 실상, 시를 쓰는 것은 사물에 또 다른 겹(옷)을 입히는 작업 아닌가? 이는 인간에 대해서도 마찬가지겠다. 절대 자유를 추구하는 사람들은 인간에게 강요된 모든 속박을 벗어던지기를 원하지만, 그것이 가능하겠는가? 가령, 유년기에 어떤 이유로 인간사회로부터 이탈하여 정글에서 살게 된 '늑대인간'의 예는 어떤가? 그를 인간이라고 부를 수 있을까? 사람에게서 모든 사회적, 문화적 옷을 벗긴 후에 남는 것은 무엇일까? 오직 허무 아닐까? 그러나 인간은 결코 허무 속에서 살아갈 수가 없는 것이다.

사람들의 이름도 재미있는 경우가 많다. 언젠가 방송에서 독특한 이름을 가진 사람들의 사연을 들려준 적이 있었는데, 예를 들면 강복근, 임병균 등등. 내가 지금까지 만난 사람들 중에서 가장 인상적인 이름을 가진 분은 이우종 씨였다. 愚種이라니, '어리석은 씨'라는 뜻이 아닌가! 나는 그 이름을 지어준 어른이 생에 대한 깊은 안목과 함께 유머를 겸비한 분이라 확신한다. 그 이름의 소유자는 나의 학부시절에 연극반의 배우로 활약했었는데, 지금은 어느 대학의 선생님으로 오래 재직하시다가 은퇴하셨다.

개인의 이름이 재미있거나 뜻이 있는 경우와는 달리, 정치가나 기업가 가문의 이름이라면 얘기가 좀 심각해진다. 미국의 케네디라든가 카네기는 대대로 정치계와 경제계에 강력한 영향을 준 가문들이다. 이른바 금수저들이다. 그러나 이와는 반대의 경우도 있다. 내가 좋아하는 여배우의 기사가 뜰 때마다 반드시 따라오는 댓글이 있다. "네 뻔뻔한 오빠는 잘 있냐?"는 식으로. 그녀의 오빠가 과거에 불행한 사건에 연루되었었기 때문인데, 이 여배우는 억울함을 호소할 수도 있겠다. 하지만 그렇다면 명문가의 후손들이 가문의 이름 때문에 받는 '부당한' 혜택도 문제 삼아야 할 것이다. 인간의 불합리한 면모가 사라질 수 없는 이상, 우리는 그녀에게 그저 '세상은 그런 거야(That's life)'라고 말할 수밖에. 그러나 유명 연예인의 자녀들이 사전 자격심사도 거치지 않고 어느 날 갑자기 방송에 등장한다거나, 대형교회의 담임목사 아들이 세습하는 근래의 현상을 보면 가슴이 쓰리기도 하다.

나는 또한 거리를 지나거나, 여행지를 해찰하다가 술집이라든가 여관, 카페 등등의 상호에서 시의 씨앗을 발견하곤 한다. 강남 신사동 뒷골목을 해찰하다가 본, 〈양철북〉이라는 양대창집의 간판도 나의 주의를 끌었다. 그 간판에 상호와 함께 그려져 있는, 북을 두드리는 소년의 그림이 내가 가지고 있는 귄터 그라스의 소설 『양철북』 표지의 인물과 똑같았기 때문이었다. 2차대전 이후의 독일 사회를 매우 독특한, 마술적 리얼리즘이라 할 수 있는 스타일로 풍자한 명작을 신사동 뒷골목에서 만나다니! 아마도 그 양대창집 주인은 독어독문학과를 나왔을 듯하다. 나는 이 문학적인 간판에 몹시 감명하여 그 사진을 오래 간직하고 있다. 이를 소재로

하여 작품 한 편(「시간연습 3 – 북 치는 소년」)을 건진 건 물론이고. 〈기린장여관〉은 경주 시외버스 터미널 근처의 허름한 숙소이다. 나는 어쩌다가 그 여관에서 하루를 묵게 되었는데, 아침 일찍 시외버스를 타려고 그곳을 나와 열쇠를 반납해야 할 때에, 정신없이 잠에 취한 주인의 모습을 보며 잠시 생각에 잠긴 적이 있다.

　　이곳에 기린은 없다. 이 퀴퀴한 방에서 만날 수 있는 짐승은 팔각 성냥갑 측면에 우두커니 서 있는 쌍봉낙타 한 마리뿐.

　　이곳에 기린은 없다. 나는 오래전 철길 건너 살던, 목이 긴 젊은 과부를 추억할 수 있겠다. 야식 주문을 기다리는 골목 안 식당, 창밖으로 빠져나온 연통의 기침소리를 떠올릴 수도 있겠다.

　　여관 주인은 나른한 오후에 본 〈동물의 왕국〉, 맹수에 잡아먹히는 기린의 우아한 보행법에서 영감을 얻은 것일까. 그저 즐겨 읽는 소설의 제목을 따 온 것일까.

　　기린이 어디에 있는지 묻는다면, 주인은 사파리의 지하납골당을 찾으라고 충고할 듯하다. 그러니까, 여기 오기 전에 기린을 만나든지, 아니면 내일 무간(無間)*으로 가든지 하라고, 퉁명스럽게.

　　어쩌면 이 집의 상호는 「기린-여관」일지 모르겠다고, 누군가 이른 아침 크게 깨달은 듯 고개를 주억이며 퇴실할 때에, 주인은 뜯어 먹히기 직전의 포유류처럼 네 발을 모은 자세로 잠들어 있을 뿐.

　　〈

이곳에 기린은 없다. 다만, 곤한 잠에 빠진 그의 숨은 샘물이 낮은 곳으로 넘쳐, 선하고 길한 동물의 형상을 베개에 수놓을지 모를 일이다.

* 가장 극심한 지옥. 無間이라 함은 고통이 간극(間隙) 없이 영원히 계속되기 때문
— 「기린여관」 – 단편으로 본 미시근대사 제28화 전문

지금은 거의 사라지고 없지만, 옛 드라마를 보면 탐정이나 경찰이 수사과정에서 종종 사용하던 것이 전화번호부이다. 그 속의 특정한 이름을 향하여 수없이 전화를 걸어보는 수사관의 차디찬 외로움. 두꺼운 전화번호부를 펼치는 게 고독을 달래는 한 방편이었던 시절이 나에게도 있었다. 자디잔 글씨의 이름과 주소, 전화번호들. 그리고 그들 사이의 거미줄과 같은 관계를 상상하는 그림자놀이. 오늘 밤 나는 어느 작고 시인의 잔잔한 생을 마주한다. 안개 속에서 침묵으로 흩어지는, 가슴 저미는 누군가의 이름을 찾아 헤매며.

1.
울 밑의 봄동이나 겨울 갓들에게도 이제 그만 자라라고 전해주세요
기둥이며 서까래들도 그렇게 너무 뻣뻣하게 서 있지 않아도 돼요 좀 구부정하세요
쪽마루도 그래요 잠시 내려놓고 쉬세요
천장의 쥐들도 대거리하는 사람 이제 없다고 너무 외로워 마세요
자라는 이빨이 성가시겠지만 어쩌겠어요
살 부러진 검정 우산에게도 이제 걱정 말고 편히 쉬라고 해주세요
귀 어두운 옆집 할머니와 잘 지내라고 전해주세요
더는 널어 말릴 양말도 속옷 빨래도 없으니 늦여름 햇살들께서도 고추

말리는 데나 거들어드리세요

[…]
3.
슬픔 너머로 다시 쓸쓸한
솔직히 말해 미인은 아닌
한없이 처량한 그림자만 덮어쓰고 사람 드문 뒷길로만 피하듯 다니던
소설공부 다니는 구로동 노동자 공아무개 젖먹이를 도맡아 봐주던
순한 서울 여자 서울 가난뱅이
나지막한 언덕 강아지풀 꽃다지의 순한 풀밭
응, 나도 남자하고 자봤어, 하더라는
그 말 너무 선선하고 환해서
자는 게 뭔지 알고나 하는 소린지 되려 못 미덥던
눈길 피하여 모자란 사람처럼 웃기나 잘하던
살림솜씨도 음식솜씨도 별로 없던

[…]

4.
할머니 할아버지들 곁에서 겁많은 귀뚜라미처럼 살다 갔을 것이다
길고 느린 시간이 천천히 흘러가는 것을 마루 끝에 앉아 지켜보았을 것이다
한 달에 5만원도 안 쓰고 지냈을 것이다
휴대폰도 인터넷도 없이
시를 써 장에 내는 일도 부질없어

그저 조금만 먹고 거북이처럼 조금만 숨 쉬었을 것이다
얼찐거리다 가는 동네 개들을 무심히 내다보며
그 바닥의 초본식물처럼 엎드려 살다 갔을 것이다

이제 더는 아무도 궁금해하지 않을
그 집 헐어진 장독간과 경첩 망가진 부엌문에게 고장 난 기름보일러에게
이제라도 가만히 조문해야 한다
새삼 슬픈 시늉을 할 건 없겠으나.
─ 김사인, 「김태정」 부분

유령들

대부분의 사람들은 유령을 직접 본 적은 없지만, 때때로 이상한 경험에 빠질 때가 있다. 그럴 때에 사람들은 초자연적인 존재를 흔히 떠올리게 된다. 가령, 바람 한 점 없는 조용한 정원에서 나무 한 그루가 갑자기 몸을 떤다 하자. 이 기이한, 설명할 수 없는 현상을 본 사람은 유령이 그 나무를 흔들고 있다고 생각하면 그나마 마음이 좀 편해질 것이다.

또한 현실의 저 너머를 상상하며 위로를 받는 것은 인간의 성정이기도 하다. (x, y, z, 시간)의 사차원을 넘어선, 망자들의 영혼이 머무는 어떤 공간이 있다고 믿는 사람들은 사실 참으로 많을 것이다. 그곳에 사는 존재들이 어떤 식으로도 이승과 관계를 맺고 있다 생각하면 망자에 대한 그리움이 조금은 해소될 수 있겠고, 죽음에 대한 공포가 조금은 가실 수 있을 테니까.

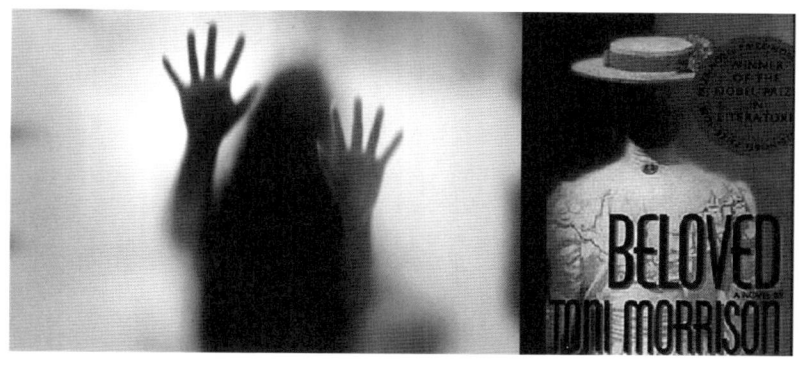

또 어떤 사람들은 자신이 소망하는 어떤 속성, 인성을 유령이라는 분

신으로 곁에 살게 하는 교묘한 책략을 쓰기도 한다. 분노를 참지 못하는 사람은 괴롭거나 화가 나는 상황에서, 심성이 착한 분신이 그 상황을 대리하여 화를 모면하기를 원할 것이다. 극단적인 수줍음 때문에 사랑하는 여자에게 고백하지 못하는 사람은, 용기 있는 유령을 몸에서 분리해내어 그 고백을 대신할 수 있으면… 바랄 것이다. 이 경우에 유령은 두려운 타자가 아닌, 모종의 희망을 품은 따뜻한 존재이겠다. 20년째 사는 나의 아파트에서 자주 마주치는 나의 절친 유령처럼.

> 그는 정이 아주 많다. 몇 년 동안 내가
> 직장 건너편 원룸에서 살던 때에는
> 내가 그곳을 잊어버릴까 근심하여
> 도배라든가 창틀 광고를 주기적으로 보냈다
> 사랑에 목마른 내가 상갓집을 지날 때면
> 망자의 영을 섭외하여 어디선가 잃어버린
> 꼬깃꼬깃한 오천 원 한 장을 주머니 속
> 뚫린 구멍에 커피값으로 슬쩍 넣어주는데 한편
> 그는 무척 엄중하다. 눈매가 게게 풀리는 봄밤에는
> 누구도 몰래 내 아이를 낳아 혼자 키우는 여인을
> (그녀는 오래전에 나와 선을 본 여자를 닮았다)
> 꿈속으로 보내어 나의 밋밋한 일상을 깨운다
>
> — 「나의 절친 유령」 부분

영화 〈식스 센스(The Sixth Sense)〉라든가, 헨리 제임스의 소설 『나사의 회전』을 영화화한 〈The Others〉에 등장하는 유령들은 인간의 형상을 그대로 지니며, 인간에게 별 해를 끼치지는 않는다. 거의 인간화된 유령들. 심지어 이 유령들은 자신이 유령인지도 모른다. 그렇다면 유령 같은 인간도 있을까? 나는 그들을 무수히 만났다. '유령화된 인간'은 대부분 말이 없고 조용히 다닌다. 타인으로부터 핀잔을 받거나 자존감을 몹시 상하게 하는, 가진 자들로부터 '갑질'을 당해도 그들은 묵묵히 속으로만 삭인다. 내가 사는 소도시의 중심상가에서 십수 년째 광고지를 돌리는 가냘픈 여인처럼. 해물찌갯집을 홍보하며 한번 들러 주시기를 간청하는 그녀를 보며, 나는 "저 남쪽 바다에 태풍이 현현하는 이유가/ 도시의 가난한 유령들이 무인도에 모여/ 무화과를 가꾸며 사는 먼 별로 떠나는 날의/ 함성 때문임을 알려주고 싶었"다. 이 유령인들을 호모 사쿠에르, 혹은 현대판 불가촉민이라고 부를 수 있을까? 양재동 화장터에서 만난 유령 여인 역시 말이 없고, 발소리를 거의 내지 않았다.

  유족의 오열은 잦아들었다. 모든 슬픔은 식은 화산재처럼 적막했다. 어차피 한 줌의 흙으로 남을 운명을 알면서도 그렇게 괴로웠던가… 누군가 탄식할 즈음 – 흰 얼굴, 흰 장갑, 흰 마스크, 스물 안팎의 여인은 소리 한 점 없는 유리창 저편에 소복으로 서 있었다. 지상의 온갖 색색 빛들을 다독이듯 말 없는 치마폭을 여미며. 키 큰 그녀가 긴 손목으로 고인의 뼈를 고분고분 빻아 유골함에 부었을 때, 은하계 저편 떠돌이 행성의 모래산이 해연을 향하여 움직이는 소리가 들려왔다. 어디선가 햇살에 숨은 별자리가 빛과 그림자의 교직을 말하려 했지만, 이곳에 남은 식구들의 마지막 눈물은 그녀의 내력을 묻지 않았다 – 적빈과 수모와 익명의 생에서 어찌하여 흑단 머릿결이 그토록 탐스러울 수 있는지, 여인의 옷섶에 잠긴 국화꽃송이만이 고개를 갸웃, 했다. 서쪽 노을에 무거워진 하늘이 창밖으로 조용히 내려앉을 때, 그녀의 손끝이 푸른 곡옥으로 빛나는 시간을 누구도 알지 못했다.

      – 「유령 6 – 단편으로 본 미시근대사 제29화」 전문

또 어떤 사람들은 이 끔찍한 세상으로부터 벗어나 유령으로 살아가고 싶어 한다. 유령이 굶어 죽었다는 이야기, 또는 탐욕 때문에 몰락했다는 실화를 들은 적이 없으므로. 적어도 유령은 세속적인 욕망에 시달리지는 않을 것이므로. 이들은 차라리 유령의 삶이 더 낫다고 생각한다. 어쩌면 어느 시인이 '골방문화'라고 부르는, 외부와 단절된 채로 방에 틀어박혀서 오직 SNS나 게임 등의 전자 네트워크에만 골몰하는 젊은이들의 생활방식은 유령의 그것과 별로 다르지 않을지 모르겠다. 한편, 일전에 참석한 어느 시잡지 송년회에서, 최근에 훌륭한 출판사의 책을 낸 젊은 여자 시인이 나를 보고도 모른 척하며 투명인간처럼 지나갔을 때 – 내가 드디어 유령의 삶을 살기 시작했구나, 생각이 들었다. 그러니 어떤 사람들은 본인의 의지와 상관없이 타인에 의해서 유령이 되기도 한다(지저분한 세파에 휩쓸리지 않은 '안전한' 유령의 삶의 방식을 일깨워준 그 어린 시인에게 감사하는 바이다).

유령은 서양적인 존재이어서 우리와는 문화적 배경이 상당히 다르다. 우리나라에서는 도깨비라든가 귀신이 더 친숙한 존재인데, 최근의 방송 드라마의 단골 소재이기도 하다. 비 내리는 밤에 택시운전사가 여인을 태웠는데, 공동묘지를 지나자 뒷자리의 여승객이 갑자기 사라지고… 화장실에서 변을 보는데 아래에서 빨간 손이 올라와… 등등의 이야기가 주위에는 흔하다. 〈여고괴담〉이니 〈도깨비〉니 하는 유형의 드라마가, 좀 더 오래된 예로는 〈전설의 고향〉이 그렇다. 여름밤에 보는 귀신 이야기는 언제나 오싹하여, 내가 낮에 무슨 나쁜 짓을 했는지 갑자기 반성할 지경이었으니. 이러한 존재들은 일방 초월적이면서도 한편으로는 권선징악을 넌지시 제시하기도 하고, 인간의 가련한 운명에 대한 자각을 주는 등, 현생에서도 여러 방식으로 존재감을 준다. 유령의 한국판이라 하겠다.

나의 오랜 술친구는 카페에서 술을 마시다가 화제가 떨어지면 언제나 유령감별법에 대하여 장광설을 펴곤 한다. 그에 따르면 유령은 발이 없다는 것이다. 하지만 유사시에 유령의 발을 어떻게 확인할 것인가? 특히 밤의 어둠 속에서 긴 치마를 입은 여자 유령의 발을? 십자가를 보인다든가, 마늘을 들이대는 방법이 있기는 하겠지만, 평소에 대비를 하여 이 물건들을 가지고 다닐 수는 없겠다. 또한, 유령 비슷한 사람의 바지나 치마를 걷어 올리고 발을 확인하다가는 봉변을 당하기 쉬울 것이다. 자칫하다가는 요즘에 흔한 미·투 운동의 대상이 될 수도 있겠으니. 하니, 인간적인 유령과 유령인간을 구별하기는 실상 매우 어려울 것이다. 영화 〈Man in Black〉에서 지구인과 외계인을 표면적으로는 전혀 구별할 수 없는 것처럼, 사람과 유령을 구분하는 일이 더 이상 무의미한 것 아닐지 모르겠다.

 산 것도 죽은 것도 아닌, 잔혹한 세상살이에 지치고 다친 사람들이 절간으로, 반지하 방으로, 구들장 위로, 무덤 속으로 기어들어가 유령이 되어가는 장면은 얼마나 빈번한가? 가난한 집안에 태어나 안내양으로 일하다가, 버스에서 떨어져 한쪽 팔을 잃고 작부가 된 70년대 소설의 주인공 '영자'(조선작, 『영자의 전성시대』)가 이제는 존재하지 않는다고 말할 수 있겠는가? 아마도 지금 영자는 동남아인의 가무잡잡한 피부를 가지고 있을지 모르겠다. 또한, 사랑하는 여자와 살림을 차릴 돈이 없어서 헤어진, 시골 마을의 씨름꾼이었던 목욕탕 피부관리사의 슬픔과 괴로움(황석영, 『장사의 꿈』)을 잊을 수 있겠는가? 하숙집에 늘 불을 켜두고 다니는, 갑자기 사라져버린 대학 선배를 짝사랑하여, 그의 네모난 방 형광등을 끄고는 다시 방으로 돌아와 찰칵, 불을 켜는 장면의 형용할 수 없는 그리움(김애란, 『네모난 자리들』)은 또 어떠한가? 자식마저 노예로 사는 것을 견디지 못하는 어머니에게 살해당한 후 아기의 유령으로 모친 곁을 떠돌다가, 이윽고 20대 여자의 몸을 입고 나타나 모친의 사랑을 갈구하는, 토니 모리슨 소설의 유령 주인공 'Beloved'는 우리 주위에 얼마나 흔한가?

당신은 앉아 있으면서도 달려갔다 차가운 시멘트 냄새를 맡으며 옥상을 올라가거나 한 다발 히아신스를 들고 죽은 애인의 침실로 갔다 뙤약볕에 버려진 목각인형을 무심코 집었는데 손가락 사이로 모래가 흘러내렸다 […] 당신은 그림자를 밟으며 산 것도 죽은 것도 아니라고 생각했다 달 대신 버려진 목각인형이 공중에서 웃기 시작했다 당신은 당신이 다가오는 방향을 보았다 어느 누구도 그 이상한 궤도를 묻지 않았다 벗겨진 신발이 발목을 향해 걸어가다가 자꾸 뒤를 돌아봤다

— 박성현, 「흔해빠진 유령」 부분

더블린의 국내 망명자

더블린은 유럽의 서쪽 끝에 위치하여 유럽 단체여행 프로그램에서도 대부분 제외되는, 좀처럼 닿기 어려운 도시이다. 수많은 작가 시인들을 배출한 이 섬나라에 대한 나의 관심은 그동안 꾸준하였는데, 이 나라의 역사·문화적 배경이 우리와 비슷하다는 점이 또한 한몫을 했을 것이다. 강대국인 영국에 바로 이웃하여 오랫동안 대영제국의 영향 하에 있었으며, 중세시대부터 이주한 영국계 아일랜드인들과 원주민 격인 켈트족 사이의 끊임없는 갈등, 카톨릭과 신교 사이의 반목 등은 아일랜드의 아이덴티티에 대한 근본적인 의문을 가져 왔다. 이 나라의 민족성 또한 우리와 상당히 닮아서, 아일랜드인은 이성적이기보다는 풍부한 감성을 가진 편이고, 합리적이기보다는 신화적이라는 통념이 존재하여 왔다. 물론 이는 영국인들에 의하여 유포된 편견일 수도 있어서 영문학에 등장하는 아일랜드인들은 주로 술주정뱅이, 바람둥이 등으로 묘사되어 있다. 내가 이 나라에 대하여 처음 접한 것은 대학시절에 읽은 아일랜드계 미국 극작가 유진 오닐의 명작 『밤으로의 긴 여로』에서였다. 이 작품에는 아일랜드계 가족의 비극이 잔잔하게 펼쳐진다.

새벽 세 시에 밤은 광활한 날개를 폈다. 수수깡 줄기처럼 비스듬히 서 있는 블라인드 사이로 마을 불빛이 반짝인다. 이럴 때 나는 단순한 작업을 좋아한다. 예를 들면 감자 껍질을 벗기는 일, 피아노 의자를 닦는 일. […] 유진 오닐의 연극 〈밤으로의 긴 여로〉를 나는 좋아했다. 사람들은 깨어지지 않는 고치 속에 각자 살았다. 폐병을 앓는 아들의 연두색 스웨터 차림. 주사를 맞으러 천천히 계단을 올라가는 모친의 흰 손목. 병적인 것에 아름다움이 비치는 것은 삶 또한 그러하기 때문이겠고, 사는 것은 일종의 중독 현상이리라. 신기루와 같은 쾌락의 분말을 끊임없이 물에 녹이는. 창밖에서 바람이 방향을 바꾸고 있다. 더 이상 갈 곳이 없기에.

— 「술을 마신 새벽, 네 개의 짧은 이미지」 부분

1800년에 공식적으로 합병한 이후에도 대영제국은 아일랜드를 식량창고쯤으로 생각한 듯하여, 이 섬나라는 유럽의 산업혁명을 거의 경험하지 않았다. 따라서 이 작은 나라는 유럽의 근대문명과는 다소 동떨어진, 어쩌면 서유럽에서는 거의 유일한 신화적 문명을 최근까지 유지할 수 있었을지 모른다.

나는 영국의 몇 도시를 거쳐서 더블린으로 향했다. 웨일즈의 작은 항구인 홀리헤드에서 더블린은 페리로 3시간 반쯤의 거리. 배의 승객 중에는 아시아인들이 거의 보이지 않았고, 부두에서 검색, 안내하는 아일랜드 사람들은 확실히 영국인들과는 뭔가 달랐다. 그것이 뱃사람들의 특이한 분위기일 수 있겠지만, '아일랜드'적이었다. 붉은 뺨을 가진 묘한 분위기랄까. 이것 또한 나의 편견일 수는 있겠지만. 더블린 시내의 환승역인 코널리는 부두에서 버스로 30분 정도. 오후 5시경의 더블린 시내는 꽤 분주했다. 1주일의 기간 동안에 나는 제임스 조이스의 명작『율리시즈』에 등장하는, 주인공들이 하루 동안 시내를 다니며 마주하는 장소들을 찾아다녔다.

   제임스 조이스에 대해서는 미리 사전조사를 해놓았다. 더블린에서 출생. 넉넉하지 않은 집안 사정에 사제가 될 것을 권유받았으나 이를 거절. 한때는 의사가 되기 위해 프랑스로 건너갔으나 곧 포기하고 아일랜드로 귀환. 더블린에서 작품집을 내려 했으나 거절당하여, 애인과 함께 20대 초에 대륙으로 건너감. 이후 프랑스, 이탈리아, 스위스 등에서 거주하며 소설과 시집을 발표. 59살에 취리히에서 소화기관 질환으로 별세. 그의 이력에서 나의 눈길을 끄는 부분은 20대 초에 유럽대륙으로 이주했다는 사실인데, 이는 아일랜드 출신으로 우리가 익히 아는 작가(오스카 와일드, 죠지 버나드 쇼, 새뮤얼 베케트 등)들에 공통된 이력이다. 새뮤얼 베케트는 아예 프랑스어로 작품을 발표하였다. 아마도 아일랜드를 중심으로 활동한 대가는 시인인 W. B. 예이츠뿐일 것으로 보인다. 영국계 아일랜드인인 이 작가들이 조국을 버린 이유는 무엇일까? 더블린 시내의 아일랜드 작가 박물관에는 이들이 '아일랜드의 후진성을 벗어나기 위하여'라고 적혀 있다. 이 나라에서는 결코 세계적인 문학을 할 수 없다는 뼈아픈 자각 때문이었을 것이다. 제임스 조이스도 본국에서 작품집을 발표하려 고심했지만 출판사로부터 거절당하여 단호하게 대륙으로 건너간다.

   조이스는 대학교육을 더블린 시내의 벨베디어 대학(Velvedere College)에서 시작하는데, 건물 2~3개로 구성된 무척 작은 학교이다. 그 후 그는 더블린 남쪽에 신설된 University College Dublin으로 옮겨 대학교육을 마친다. 당시의 명사들이 대부분 더블린의 명문인 트리니티 대학(Trinity college)에서 공부한 것에 대비되는 사실이다. 이러한 점이 그의 소외감을 심화시켰을지도 모르겠다. 더블린 시의 북쪽에 위치한, 『율리시즈』의 주인공인 레오폴드 블룸의 거처로 소설 속에 제시된 주소(No. 7 Eccles St.)의 집은 오래전에 헐렸지만, 그곳에 신축된 아파트 입구에는 작가의 작은 흉상과 기념패가 붙어 있었다. 코널리 역에서 10분 거리에는 조이스 기념문화센터가 있고, 애국자인 파넬의 기념첨탑 근처에는 조이스의 동상이 세워져 있다. 나는 조이스 동상의 깨끗한 사진을 얻으려 몇 번 시도했으나, 사람들이 조이스의 발목 근처에 앉아 휴식을 취하는 바람에 번번이 실패했다. 어느 길목에서 우연히 마주친 향수가게 앞에는, 그곳이 『율리시즈』에 등장하는 장소임을 알리는 표지판이 걸려 있었다. 일주일에 한 번씩 율리시즈 낭독회가 열린다는 안내문과 함께. 더블린은 작은 도시여서 시내의 4제곱킬로미터 내에 거의 모든 문화유산이 들어있다. 아일랜드 고유의 문화를 부활하기 위하여 예이츠가 심혈을 기울였던 애비극장(Abbey Theater), 오스카 와일드의 총천연색 조각상, 기네스 양조장, 더블린 성, 바이킹 전시관 등등을 볼 수 있다. 거리에는 1700년대의 건물, 술집들이 자주 눈에 뜨이는데, 이는 2차대전의 폭격의 피해가 별로 심하지 않았음을 말해준다. 더블린 성 입구에서 여행가이드가 일군의 여행객들에게 아일랜드의 역사와 근황에 대하여 설명하는 것을 엿들었다. 20세기 말까지도 아일랜드는 몹시 빈곤하고 뒤떨어진 나라였으며, 훌륭한 문화유산을 간직했었다. 그러나 21세기에 들어와서 아일랜드인들은 카톨릭 교회의 영향에서 점차 벗어나기 시작했고, 이제는 적극적으로 이민을 받아들여 경제적으로는 좀 더 풍요롭지만 아일랜드의 아이덴티티에 대한 고민이 깊어지고 있다고 말한다. 실제로 더블린 상점에는 아프리카, 중동, 아시아 등의 이민자 출신 점주들이 꽤 많았다. 『율리시즈』는 다음과 같이 시작한다:

당당하고 통통한 버크 멀리건은 거울과 면도기를 십자가 모양으로 올려놓은 비누거품 그릇을 들고 계단을 내려왔다. 벨트로 조이지 않은 노란 잠옷이 부드러운 아침 공기 속에 그의 뒤를 따랐다. 그는 그릇을 높이 들고 말했다:

　　나는 신의 제단에 오르겠네.

　　이 서두의 장면은 그가 한 작가 지망생인 의대생의 초대를 받아 며칠 기숙한 전망대에서의 경험을 토대로 한 것이다. 이 전망대는 더블린에서 기차로 30분 떨어진 작은 해변마을 샌디마운트(Sandymount)에 소재하는데, 이 아름다운 마을에서는 차가운 바람 속에서 사람들이 해수욕을 즐기고 있었다. 지금은 기념관이 된 전망대의 2층은 원래 군인들의 숙소였다고 한다. 좁은 석재계단을 오르면 소설의 첫머리에 언급되는 옥상에 이르며, 바다가 한눈에 내려다보이는 난간에서 조이스는 오랜 명상에 잠겼을 듯하다. 작가는 이곳에서 며칠을 머물다가 뜻밖의 말다툼이 벌어져 일행과 작별한 직후 대륙으로 향했다. 이 결단이 결과적으로 그를 대작가로 만든 셈인데, 물론 거기에는 조이스가 영어권 작가였다는 점, 유럽의 백인이었다는 점 등이 작용했을 것이다. 만약 당시의 아프리카나 아시아의 작가가 본국에 실망하여 유럽으로 진출했다면 어땠을까? 자신의 나라에 실망한 비유럽의 작가나 시인이 진출할 대륙은 당시에 존재했던가? 한편, 조이스가 살았던 19세기나 20세기가 아닌, 21세기에 본국에서 좌절한 필자와 같은 자는 어차피 건너갈, 한국어가 통할 대륙도 없으니, 결국 끝까지 국내 망명자로 남아야 할 것이다. 1922년의 유럽은 『율리시즈』의 첨단 모더니즘을 받아들일 준비가 되어 있었지만, 우리의 문화적 풍토는 아직도 상당 부분 동년에 발표된 T. S. 엘리어트의 「황무지」의 모더니즘

마저도 소화할 능력을 갖추려 하지 않는지도 모르겠다. 어쩌면 문화·지정학적으로 고립된 이러한 상황이 우리를 극도로 편협하게 만드는 것 아닐까?

> 이 작은 섬나라에서 태어나 이곳에서
> 작품집을 펴내려다가 실패한 후
> 단호하게 대륙으로 건너간 작가의 소설
> 첫머리에 등장하는 전망탑의 좁은 돌계단을 내려와
> 해변을 거닐다가 부지런한 일개미들의
> 머리 위로 커피믹스를 빛살처럼 뿌려줄 때에
> 놀라운 기적을 향해 그들이 손을 모으고
> 경건히 기원하는 장면에 불현듯 나에게도
> 새로운 신앙이 필요하다는 간절한 생각에
>
> — 「한나절 웃다 고개 들어보니」 부분

　제임스 조이스는 본국을 떠나 유럽대륙을 방황하면서, 왜 그토록 더블린의 곳곳을 집요하게 그렸을까? 물론 더블린은 작가가 태어나서 자란, 가장 잘 아는 곳이기 때문이었겠다. 이 질문에 조이스는 더블린이 세상을 보는 창구였고, 그 자체가 그의 우주였음을 회상했다고 한다. 그리하여 작가는 『율리시즈』를 집필할 당시, 더블린의 지도를 펼쳐놓고 기억에 남은 장소들을 선택하였고, 미심쩍으면 본국의 친구들에게 일일이 전화로 확인했다고 한다. 그런데 실상 이 작가의 작품들 중에서 대작으로 꼽히는 것은 『율리시즈』 한 권이다. 작가는 이 한 편의 소설에 그의 모든 인생을 쏟아 넣어 대가(여러 나라에 〈율리시즈 학회〉가 생길 정도로)의 반열에 오른 셈이다. 이 소설에는 모더니즘의 모든 요소가 들어있는 것으로 평가

되는데, 한 줄의 문장 속에 수많은 은유, 상징 및 고전들이 숨어 있어서, 독자들은 이 작품을 읽으면서 줄곧 퍼즐을 마주하는 듯한 인상을 받게 된다. 실제로 조이스는 작품 속에 많은 수수께끼를 숨겨 놓는 것이 후대의 평자들과 독자들 사이에 불멸로 남게 되는 비결임을 밝힌바 있다. 나는 이 난해한 소설을 시간이 허락할 때마다 조금씩 읽어나가는데, 유럽의 문화에 정통하지 않는 나로서는 아마도 〈율리시즈 학회〉 전문가들의 도움을 받아야 할지도 모르겠다. 이 고전을 읽으면서 나는 조이스의 문학적 성공의 비결이 무엇일까, 궁금해하기도 한다. 물론 작가의 천재성이 가장 큰 요인이었겠지만, 유럽의 변방인 아일랜드도 결국 유럽적 전통의 일부이니, 나는 그것이 부럽기만 하다(필자는 자칭 서양주의자이다).

증오의 사회학

나쓰메 소세키의 『그 후』를 읽다가 참으로 가슴 아픈 문장을 만났다: 소설의 주인공은 생기발랄한 중학생 조카를 보며 생각에 잠긴다. "어차피 하나의 인간으로서 살아남기 위해서는 다른 사람들로부터 미움을 받게 될 운명에 봉착할 것이 틀림없다. 그때 그는 조용히 남의 눈에 띄지 않는 차림을 하고 거지처럼 뭔가를 찾으면서 사람들로 붐비는 거리를 서성일 것이다." 당시의 최고 엘리트였던 작가의 사회적 소외자에 대한 눈길과 세상에 대한 통찰은 참으로 심오하다.

이 소설의 주인공은 유부녀를 사랑하여 가족과 친지들로부터 내쳐진다. 20세기 초의 사회는 이를 결코 허용하지 않는다. 경제적 능력이 전혀 없는 주인공이 집안으로부터 도움을 받지 못한다면 그의 인생은 파탄 날 것. 그의 눈으로 보자면 어린 조카가 세상을 살아가면서 겪을 고통이 애처로웠을 것이다. 조용히 남의 눈에 띄지 않는 차림을 하고 거지처럼 뭔가를 찾으면서 사람들로 붐비는 거리를 서성이는 내쳐진 사람.

작가는 이 아름다운 소설에서 개인이 사회적 가치에 대립할 때에 겪게 되는 사회로부터의 증오와 그로 인한 고립에 깊은 눈길을 준다. 사랑으로 인하여 발생하는 증오. 이것이 유일한 진실이라면 세상은 너무나 참혹한 것이지만, 가슴 저미는 슬픔을 어찌할 수 없어 나는 몇 날을 비통한 심정으로 보냈다. 내가 속한 여러 집단으로부터 나 또한 지독한 질시와 소외를 겪은바 있고, 나 또한 누군가를 끔찍하게 증오한 경험이 있기 때문이다. 때로는 그 미움이 꿈속에 나타나 상대와 피투성이로 치고받는 지경에까지 이르니, 저절로 잠이 깨는 때도 있다. 그 꿈에서 벗어나기 위해

불을 켜고 한참을 놀다가 다시 잠든다. 금방 잠을 청하면 그 끔찍한 상황이 다시 이어질 것이므로.

깨어 있는 동안에는 겨우 진정시킨 증오가 프로이트식 무의식이 발호하는 꿈속에서 그림자극을 벌이는 것이다. 이 붉은 증오를 어찌해야 할까. 유럽의 어느 영화에서는 왕이 죽기 직전, 사제가 모든 사람들을 용서하겠는지 묻는다. 왕은 "No"라고 답했지만, 곁에서 가족이 그러시면 안 된다고 하자, 왕은 "Then, I will do it"이라 말하고 죽는다. 중세의 카톨릭은 생의 마지막 순간에 모든 이들을 용서한다는 고백으로 순백한 영혼으로 돌아가기를 도모했을 것이다. 그렇게 하면 진정 증오가 세상으로부터 깨끗이 사라지는 것일까.

밤은 낡은 화음을 거리에 펼치고
붉은 고백은 선로에서 몸을 뒤챈다

그곳에 다가가려는 건 오랜 결심 후
잠든 사이에 언제든 뛰쳐나오는
내 안의 들끓는 증오들을 식혀가며
낯선 표정으로 목적지를 이탈하는
노선버스의 머나먼 시선 끝에

그들은 서 있었다 비껴가는 유성을
노려보는 붙박이별들의 예리한 적대
그들이 거느린 행성들의 궤도에 관한
강고한 규약과 그들의 계보가 하사하는
도살자의 미소를 칼집 속에 감추며

나의 소외를 입속의 고깃점처럼
음미하던 그들의 열락과 입속의 뺨을
씹어 뱉던 나의 괴로움 그리고 그대여
그런 나와 화해할 수 없었던 자화상을
버리지 않은 건 밤하늘을 홀로 거닐던
떠돌이별의 좁은 이마에 돋아난
자잘한 욕망의 두터운 미각이었으니

그러나 오늘 밤 나는 취기를 내려놓고
누구를 축하하기 위한 꽃다발을 구하려
어두운 뒷골목의 침묵을 지난다
닫힌 꽃집 앞에서 오래 서성이며
보도에 누군가 흘리고 간 국화 한 송이를

집어 든 채로 모멸하는 악기들이
만들어내는 짧은 노래의 구토를 달래며
— 「늦은 밤에 꽃집을 찾아가며 — 그림자 도시에서 13」 전문

조물주는 분명 인간을 잘못 만든 듯하다. 어찌하여 이 끔찍한 증오를 인간의 영혼 속에 넣어두었는가. 세상을 둘러보면 증오로 인한 범죄는 너무나 많다. 이른바 '증오범죄(hate crime)'다. 가깝게는 우리 주위에서 흔히 보는 동남아 노동자들, 조선족들에 대한 멸시와 박대가 있고, 멀리는 독일의 유대인 박해가 있다. 심리적으로 이것은 자신의 문제를 남에게로 투사하는 메커니즘이겠다. 자신의 보잘것없는 처지를 심리적으로 보상하기 위하여 인종적 우월감에 기대는 백인우월주의자들의 경우처럼. 그것이 심리적 보상에 그치는 것이 아니라 물리적, 육체적 가학, 심지어는 살인에 이르니 문제이겠다. 그것은 자신을 비롯한 세상의 문제들을 너무 쉽게 해결하고자 하는, 매우 단순무식한 방식이기도 하다. 어째서 인간은 이 굴레에서 벗어나지 못하는 것일까. 어찌하여 사랑의 명도보다 미움의 농도가 그렇게도 짙은 것일까?

물론 대부분의 인간은 증오와 분노를 다스리며 살아간다. 그렇게 세상은 겨우 유지된다. 생존경쟁에서 살아남으려는 인간 군상의 시뻘건 눈길 속에 번득이는 질시와, 뒤뜰에서 수군거리는 모함과 야합. 역사에는 이런 장면들이 무수히 등장한다. 특히, 가진 자들이 기득권을 유지하기 위하여 획책하는 일들은 많은 사람들을 해친다. 그러니, 사람들은 '만인의 만인에 대한 투쟁'의 무대로서의 사회를 그대로 둘 수 없었을 것이다. 최소한의 법으로서 세상의 붕괴를 막으려 했을 것이다.

우리의 마음속에 남의 불행과 고통을 '공감'하려는 능력이 존재할까? 만약 그렇다면 그것은 생래적인 것일까, 혹은 후천적인 학습의 결과일까?

토니 모리슨의 『Beloved』의 배경이 되는, 미국의 남북전쟁 시기에 노예농장에서 도망친 엄마는 탈출 하루 만에 백인들에게 발각된다. 그녀는 갓 난 딸이 자신과 같은 노예가 되기를 거부하여, 딸의 목을 자르고 자신도 자살을 기도한다. 그때까지 사망한 흑인노예 "6천만 명 그리고 그 이상"에게 바치는 헌사이자, 인간의 잔인하고 치욕적인 역사의 한 장을 고발한 이 소설에서 모리슨은 인간 고통의 심연에 닿는다.

> (노예 추적자들이) 집안으로 들이닥쳤을 때, 톱밥투성이의 두 사내아이들은 피 흘리고 있었고, 아기를 안은 깜둥이 여자가 한 손으로는 피투성이 여자아이를 가슴에 끌어안고 다른 손으로는 갓난아기의 발뒤꿈치를 잡고 있었다. 여자는 추적자들을 쳐다보지 않았다; 그녀는 벽의 판자를 향하여 아기를 홱 휘둘렀지만 실패하여 다시 한번 시도하려 한 순간 -추적자들이 그 장면을 바라보는 짧은 시간 사이에- 갑자기 두 깜둥이 남자아이들 중의 형이 울면서 뒤쪽 문을 통하여 돌진, 아기를 움켜쥔 팔을 휘두르려는 모친으로부터 아기를 채갔다.

이 끔찍한 노예제도는 현대의 인종차별로 연결된다. 그 뿌리는 아직 사라지지 않았다. 노예제를 반대하며, 흑인 노예들의 탈출을 돕던 백인들은 선험적인 '양심'을 가졌던 것일까? 나는 그렇게 믿고 싶다. 세상에서 노예제가 대부분 사라졌다는 사실 하나만으로도 나는 역사가 그래도 진보했다고 믿는다. 그러나 법적으로는 자유인 신분의 사람이 절대적으로 자유롭지는 않은 것 또한 현실이다. 아직 경제적 자유의 길은 머나먼 것이다. 사람들은 먹고살기 위하여 고용주들에게 굴종한다. 가진 자들은 약한 자들에게 온갖 '갑질'을 마다하지 않는다. 때로는 참을 수 없는 폭력과 멸시를 퍼부으며. 가족의 생존을 위해 힘없는 가장은 온갖 수모를 참는다.

요즘 매일 보도되는 실상들이다.

  이 절망적인 상황을 우리는 어떻게 견뎌 나갈 수 있을까? '인류를 사랑한다'는 것은 불가능하다고 누군가 말했다. 우리는 오직 개별의 사람만을 사랑할 수 있으며, 개개의 상황 하에서만 조금씩 살기 좋은 세상을 만들어갈 수 있을 뿐이다. 조물주가 우리의 영혼 속에 심어둔, 사랑에 대한 작은 희원들이 세상을 겨우 지탱하는 것이다. 그리하여 나는 마음속 깊은 곳의 끔찍한 증오를 오직 꿈속에서 소비하며 겨우겨우 살아간다. 깊은 밤, 토니 모리슨의 몹시 어두운, 아름다운 책을 덮는다.

    이 창고에 매화꽃 핀 이유가 있어요
    매일매일 온도가 높은 불을 켜 놓았었는데
    불은 한 번도 꺼진 적 없고
    눈물은 달고 짠 핏물의 운명 곁으로 흘러갔으니
    오래된 꽃무늬 은장도의 날을 빛나게 하는 건
    얼어붙은 눈물이 분명하지요
    나는 아직 발굴되지 않은 유적지를 알고 있어요
    창고 안에 소금꽃일까, 매화꽃일까
    차갑게 끓어오르는 것에는 꽃이 펴요
    봄은 칼집을 열 듯 오고 심장에 맺힌 걸 보여 줘요
    당신이 날씨의 영향으로 나를 껴안고
    강렬한 슬픔을 입김으로 불어 넣어 준 날에
    빛나는 은장도를 갖게 되었지요
    결국 내가 나를 찌르고
    피 묻은 은장도를 숨겨야 했던 곳
    흰 시간 속에는 아무도 모르게 배달된

휘파람새 한 마리도 파묻혀 있어요
나는 그곳에서 매일 홀짝홀짝 울면서
울음의 성지(聖地)를 지키고 있어요
소금무덤 말이에요 매화꽃 말이에요 휘파람새도
자신의 노래비를 증오하고 있어요
하지만 이해해요, 다 옛날 일이잖아요

— 박서영, 「소금 창고」 전문

진실과 허상의 행간: 사채업자의 엄중함에 대하여

사물의 '본질'이란 무엇일까? 사물을 본질적으로 이해하는 것은 원천적으로 불가능하다고 한다. 실상 어떤 대상을 '이해'하는 관점은 무수히 많을 것인데, 따라서 사물을 총체적으로 이해한다는 것이 무엇을 의미하는지 정의하는 것도 불가능할 것이다. 대상을 어떤 관점에서 이해한다는 것인가? 이 관점들 자체가 모호하다면 어찌할 것인가? 우리는 그 대상을 오직 부분적으로만 접근할 수 있다고 말할 수밖에 없을 것이다. 하지만, 사물의 부분만을 알 수 있다는 사실마저 부정할 필요가 있을까? 부분적인 '진실' 또는 파편적인 '진리'마저 외면할 필요가 있을까?

오래전에 보았던 영화 〈판결(The Verdict)〉의 한 장면: 의료사고의 진실을 집요하게 찾아 헤매는 알콜 중독자, 삼류 변호사인 주인공(폴 뉴먼)에게 담당판사는 말한다. "진실은 바닥없는 우물의 바닥에 놓여 있네." 이 시적인 발언은 나에게 큰 울림을 주었는데, 진실이 그렇게 명확하다면 굳이 사법제도가 필요하지도 않을 것이라는 점에서 많은 것을 시사한다. 그러나 알 수 없다고 해서 과연 사건의 실체, 즉 진실이 존재하지 않는 것일까? 또한 진실의 추구가 전혀 무의미한 것일까?

또한, 예를 들면 질병에 대하여 생각할 수 있겠다. 어떤 질병의 원인을 총체적으로 이해하는 것은 매우 어려울 것이다. 질병의 원인과 진행과정, 질병에 대한 여러 기관들의, 각각의 세포의 반응을 체계적으로 완벽하게 파악하는 것은 불가능할 것이다. 그렇다고 해서, 그 질병의 증상을 완화할 수 있는 물질에 대한 관심을 철회할 필요가 있을까? 그 질병의 전파경로를 차단하는 방안을 찾는 것이 전혀 무의미할까?

세상에 돌아다니는 다양한 정보가 사실보다는 극히 애매한, 어떤 의도 또는 저의에 의하여 포장된, 조작된 이미지일 가능성이 매우 크다. 이런 의미에서 '실재는 없고 이미지만 존재'한다는 식의 인문학적 명제는 대단히 매력적이다. 그런데 특히 포스트모더니스트들이 즐겨 제시하는 이 명제의 진위를 떠나서, 이러한 개념이 어떤 대상, 인물에 대한 이미지의 관리, 조작 및 세탁을 합리화한다면 큰 문제가 아닐 수 없다.

몇 가지의 예를 들어보자. 연예계의 대형 기획사들은 끊임없이 스타들에 대한 허상의 이미지를 양산하고 있다. 어떤 연예인들은 음악성이나 연기능력보다는 개인적인 선행을 알리거나, 경조사를 부지런히 다니면서 자신에게 유리한 이미지를 유포하려 한다(나는 이런 자들을 혐오하는 편이다). 이들은 끊임없이 대중 앞에 얼굴을 내밀려 하며, 차라리 노이즈 마케팅으로 욕을 먹더라도 결코 잊혀가지 않으려 몸부림친다.

> 그녀의 얼굴 변천사를 보면 진실은
> 바닥없는 구덩이 밑바닥에 있지.
> 원래 얼굴이란 원래 없는 것.
> 그녀가 돌잔치에서 화장품을 집어 들었다거나
> 버는 돈 모두 부모에게 맡긴다거나
> 소주 한 잔 마시면 병원에 실려 간다는, 등등
> 사실이 아니면 어떤가, 그들에게
> 환상을 줄 수 있다면,
>
> — 「누구에게 전화하는지」 부분

정치의 경우 이미지 관리 및 조작은 국가의 존폐에 직접적으로 관련된다는 점에서 그 영향력이 훨씬 크다. 지금 이 글을 쓰고 있는 순간에도 시국과 관련된 수많은 가짜 뉴스와 가짜 이미지들이 언론과 SNS를 장악한다. 미디어 연구의 대가인 물 건너 누구의 이름을 굳이 들먹이지 않아도, 지난 9년 동안의 두 정권이 이 나라를 빈사상태로 만든 이유들 중 하나가 바로 언론에 의한 정보조작인 듯하다. 대중에 대한 언론의 이미지 조작은 거의 세뇌의 수준이었던 것으로 보인다. 언론이 지도자들의 저열한 본색을 알지 못했을까? 나는 이들이 잘 알고 있었다고 생각한다. 다만, 사적 이익을 위하여 이 끔찍한 짓을 자행했을 것이다. 일간지의 논설위원이 어느 날 아침 사표를 내던지고 권력의 핵심으로 진입한다면, 그가 그동안 지면에 발표한 논설을 어떻게 보아야 할 것인가? (이것은 매우 수치스러운 현상이다. 우리보다 앞선 언론 선진국에서는 언론계 중진이 정계로 진출하는 경우가 없는 것으로 안다. 한 번 언론계에 발을 들이면 언론인으로 은퇴하는 것이 이들의 자존심인 것이다.) 정치권력을 견제해야 할 언론인이 정치인으로 출세하기를 갈망한다면 정보소비자들은 도대체 누구를 믿어야 하는가? '보고 싶은 것만 본다'는, 대중의 치명적 약점을 이용하는 언론의 폐해를 어찌할 것인가?

　진실의 추적은 몹시 어렵고 고통스럽다. 이 사실을 교묘하게 사용하는 자들은 세상에 무수히 많다. '많이 알면 다친다'느니, '모든 것은 상대적'이라느니 하며 진실을 추구하고자 하는 사람들의 기운을 빼는 자들. '좋은 게 좋은 거지'라며 슬쩍 옆구리를 찌르는 자들. 객관적인 진실이 존재하지 않는다고 말하는 자들은 대개 비겁하거나, 쓸모없이 현학적이거나, 진실이 드러날 때에 자신에게 찾아올 불이익을 두려워하는 자들일 것이다.

　진실을 추구하려는 사람들 중의 대표는 아마도 과학자들이라 하겠다. 이들은 자연현상들이 쉽게 드러내지 않는 법칙과 질서를 알아내려 노력한다. 그 비밀스러운 자연의 비밀의 일단을 밝혀내었을 때의 기쁨이 이들의 동기부여일 것이다. DNA의 구조를 알아내려는 왓슨-크릭 팀과 라이너스

폴링 실험실 사이의 경쟁 스토리는 어떠한 추리소설보다도 흥미진진하다. 이 경우 과학자들이 얻어내려는 진실은 물론 '물질세계'에 대한 것이다. 인간 세상에 대한 진실의 파악은 이보다 훨씬 더 어렵다. 그 이유는 물질이 단순·정직한 것임에 반하여, 인간의 추악한 욕망 때문에 세상의 진실이 은폐되는 경우가 매우 많기 때문일 것이다. 여러 이해당사자들에 직접적으로 연결되는 진실을 드러내는 작업은 실로 어려운 것이다. 지난 정부들에서 은폐되었던 진실을 드러내는 작업은 얼마나 고통스러운가? 거기에 더하여, 밝혀진 진실의 맨얼굴을 대면하는 것은 또 얼마나 괴로운 일인가? 그러나 인간사회에도 집요한 진실의 추적자들은 존재한다. 드라마 〈CSI〉를 예로 들어보자. 수사관들은 여러 과학적 방법을 통하여 사건의 실체에 접근하려 한다. 이들에게 수사하려는 의지가 없다면 사건의 진실은 결코 햇빛을 볼 수 없을 것이다. 또 한 부류의 추적자들은 '좋은 언론'일 것이다. 워터게이트 사건을 파헤친 워싱턴 포스트의 두 기자나, 미국의 학자들이 에이즈 항체를 프랑스 파스퇴르 연구소의 샘플로부터 훔친 사실을 밝혀낸 시카고 트리뷴의 과학 전문기자가 바람직한 예일 것이다.

다시 처음으로 돌아가서 – '실체는 없고 이미지만 존재'한다는 식의 명제를 어떤 철학자(장 보들리야르)는 시뮬라크르(simulacre)라는 멋진 개념으로 정립하였다. 이에 따르면, 실체라든가 진실은 아예 존재하지 않거나, 아니면 절대로 알 수 없다는 것이다. 나는 이 생각에 동의하지 않는다. 위에서 제시한 예들을 보자면 세상에 그런 면이 전혀 없다고 말할 수는 없겠다. 교묘하게 조작된 이미지들을 제거한 대상의 맨살을 보기가 극히 어려운 것이니. 그러나 많은 인문학적 명제와 마찬가지로 보들리야르의 생각은 세계의 일부를 지나치게 일반화한 것이라 생각한다. 바이러스처럼 번식하는 세상의 모호하고 의심스러운 이미지들 뒤에 사건, 사물들의 진실이 숨어 있다고 나는 믿는다. 따라서 나는 이러한 보들리야르의 생각에 기반하여 말하기 좋아하는 이들에게 한 가지를 제안하고 싶다: 사채업자로부터 거액을 빌린 후에 갚지 말아 보시기를. 그 후에 발생하는 모든 사태가 바로 돈거래의 진실(의 일부)인 것임을 뼈저리게 깨닫게 될 것이다. 또한: 단단한 벽에 머리를 아주 세게 박아보시기를. 혹시 통증을 느끼지 못하는 분들은 이마에 생긴 시퍼런 멍에 주목해 보시기를.

> 날이 저물어 가면 늘 회한으로 가득한 삶이지만
> 어둑 속에 갈린 등뼈처럼 입안에 서걱이는 시간의
> 굳은 껍질을 찢던 순간들이 떠오르는구나. 가을날
> 눈썹까지 차오른 환멸의 생을 경춘선 철길에 패대기치듯
> 캄캄하게 비 내리는 삼악산 중턱의 절벽 아래로
> 창백한 손이 허공을 더듬듯, 우연에 맡기려 우리는
> 자주 떠났고 황혼 속에서 만나곤 했다. 낮은 지붕 위
> 불꽃놀이의 잔해들과 잔치가 끝난 마당을 맴도는
> 서늘한 연기는 어떠했는지. 이제는 수몰된 화순 적벽의

붉은 주름살들은 무림의 고수처럼 날아다니려던 가벼운
발목들을 채운 지층의 족쇄가 아니었을까. 너는 때때로
〈실재는 없고 해석만 존재한다〉는 말에 매혹되곤 했지만
나는 한순간도 믿지 않았으니, 그건 어릴 적 나의 맨발이
달궈진 아궁이 덮개를 짚었을 때에 공중으로 튀어 오른
독한 유물론적 통점들의 기억 때문이겠지. 너는 또 강변의
홀연히 사라지는 안개의 덧없는 책략에 대하여 탄식했지만
오직 견딜 수 없는 고통들만이 뿌리에 가까운 거처를
이 우연과 허무의 생에게 마련해 주는 것 아니었는지
젖은 온몸을 인적 없는 어둠에 기대는 잿빛 고양이처럼
한 줌의 양식과 함께 계단을 오르는 나의 텅 빈 저녁은
연락처를 알지 못한 채 점멸하는 수화로만 조우하던
오래전 먼 길 위의 아픈 사랑으로 빛나는 것 아닌지

─ 「저녁의 근거 ─그림자 도시에서 9」 전문

사회생물학과 애인의 인체해부도

E. O. Wilson, ⟨On Human Nature⟩ (1978)

Francis Bacon ⟨Portrait of Isable Rawthorn⟩ (1966)

사회생물학(Sociobiology)의 거장인 에드워드 O. 윌슨 교수는 어릴 적 낚싯바늘에 찔려 한쪽 눈의 시력을 거의 잃었다. 오클라호마 시골 출신의 윌슨 교수는 개미를 비롯한 사회적 생물에 큰 관심을 가져, 하버드 대학 생물학과의 교수로 일생 동안 이에 대해 연구하였다. 그의 역저 『인간의 본성에 대하여(On Human Nature)』는 그가 생물학을 바탕으로 하여 인간사회에 대한 다양한 관점을 피력한 책이며, 퓰리처상 일반 논픽션 부문의 수상작이다.

이 책에서 윌슨 교수는 인간 행동과 사회를 이해하는 데 있어서 인문학과 사회과학만으로는 한계가 있으며, 이를 진화생물학적 관점으로 볼 필요가 있음을 역설한다. 인류학, 사회학, 심리학의 연구결과들을 종횡무진으로 인용하며, 이 성과들을 생물학적으로 재해석한다. 윌슨 교수는 인간이 유인원으로부터 진화하여 원시공동체를 이룬 시절까지는 거의 '유전적 진화'가 지배하였지만, 그 이후에는 (아마도 언어 및 문자가 발명된 이후로는) '문화적 진화'도 중대한 역할을 했음을 인정한다. 하지만 문화적 진화가 인간사회에 결정적인 역할을 맡는 현대사회에서도 과거 오랫동안 진행되어 왔던 '유전적 진화'에 의한 제약이 인간 행동과 사회제도에 (수많은 가능성들 중 소수의 형태만을 허용하는 식으로) 결정적인 역할을 한다는 사실을 강조한다. 이런 생각에 근거하여 그는 인간의 공격성에 대하여 다음과 같은 견해를 피력한다.

> 우리는 어떤 조건 하에서 깊은, 비이성적인 적대감 속으로 빠지려는 강력한 성향을 가지고 있다. 매우 위험하게도 이 적대감은 마치 멈출 수 없는 연쇄반응처럼 소외와 폭력의 방향으로 쉽게 진행될 수 있다. [···] 이는 차후에 가열, 교반, 촉발되면 촉진제에 의하여 즉시 변환되는, 이미 존재하는 물질들의 혼합물과 같다.

인간에 대한 기대와 희망은 얼마만큼 가능한 것일까? 나는 개인적으로 사람들과의 관계에 몹시 회의적이어서, 가능한 한 꼭 필요한 인간관계만을 유지하려 노력한다. 그렇더라도 인간에 실망하는 경우가 참으로 많은데, 이는 누구라도 그럴 것이다. 인간은 이성적인 존재인가? 내가 보기에 이는 20%만 맞는 말인 듯하다. 인간이 가진 이성에서 실제 행동에 반영되는 부분은 아마도 도구적 이성, 즉, 자신에게 이익을 주는 수단으로

서의 이성이 아닐까? 내가 만난 인간들은 대부분 이성보다는 감정과 충동에 의하여 행동하며, 지독한 편견과 고정관념에 사로잡혀 있다(인종주의는 대표적인 예일 것이다). 이는 이미 지그문트 프로이트가 예리하게 관찰한 바 있다. 자신의 영역을 고수하기 위하여 자신과는 다른 사람을 철저히 배척하는 자를 보면, 뒷다리를 들고 길가 전봇대에서 영역을 표시하는 수캐를 연상하게 된다. 지독한 편견과 과대망상, 시기와 질투로 가득한 시인(필자도 이에 포함된다)들을 볼 때도 비슷한 감정을 느끼게 된다. 최근에 재미있게 보았던 드라마 중의 대사를 기억한다. 모든 차별을 금지하려는 법을 제정하려는, 매우 진보적 생각을 가진 통치자에게 우파 인사는 다음과 같이 일갈한다.

> 인종, 장애, 국가, 출신, 민족, 종교, 그리고 사상까지, 그 어떤 이유에서건 인간은 항상 차별을 찬성해 왔다. 그래야 이 전쟁 같은 세상에서 자기가 조금 유리해지니. 인간은 가면 속에서는 차별을 찬성하고 평등에 반대하는 이기적인 족속이다. 이것이 세상을 움직이는 힘의 민낯이다.
>
> — 드라마 〈60일 지정생존자〉에서

이것을 단지 보수주의자의 편향된 세계관이라고 단언할 수 있을까? 이 견해에 따르면, 인간에게 '공정'을 기대하는 건 처음부터 무리이겠다. 인간은 근본적으로 '불공정'한 시스템을 각자의 생존에 맞추어 이용하는 존재일 것이므로. 우리는 표면적으로는 인종주의가 잘못된 것이라고 말하지만, 명석하고 합리적이고 관대한 사람이 인종에 대해서만은 극단적인 관점을 고수하는 사실을 이로부터 설명할 수 있을지 모른다. 또한, 어쩌면 자신과 다른 존재에 대하여 경계를 풀지 않는 종족의 DNA만이 살아남아 우리에게 전달되었는지도 모르겠다. 그 유전자가 특히 치열한 생존경쟁의 상황에서는 모든 도덕, 양심 등이 제압당한 상태의 '야수' 쪽으로 우리를 내모는 것 아닌가, 생각한다. 인간 사회의 도처에서 발견되는 지독한 편견들의 근원은 결국 생물학적인 것이 아닐까. 진화생물학자인 스티븐 J. 굴드 교수의 명저 『판다곰의 엄지손가락(The Panda's thumb)』에서 공개된, 19세기의 저명한 자연사학자 루이스 아가시즈가 모친에게 보낸 편지를 인용해 보자.

> (필라델피아의 식당에서 만난) 흑인 웨이터로부터 받은 끔찍한 인상을 […] 이 저열하고 퇴화된 인종을 보며 […] 이들이 나와는 피가 같지 않다는 느낌을 억제할 수가 없어서 […] 깜둥이와 공존해야 하는 백인들은 얼마나 불행한 것인가. 하나님은 제발 이런 (흑백 간의) 접촉을 막아 주시기를!

19세기에는 지금처럼 (원칙상) 인종주의가 금기시되지 않았고, 유럽 출신인 루이스 아가시스는 이날 처음으로 흑인들을 직면했으니, 타인종에 대한 생경함이라든가 경계심이 없을 수는 없겠다. 그러나 이 자연사학자가 흑인에 대해 느낀 감정은 이성적으로는 도저히 설명할 수 없는, 마치 바퀴벌레를 내려다보는 듯한 '짐승의 적개심'에 다름 아니다. 나는 이 편지를 읽으면서 지적으로 뛰어난 인간이 드러내 보이는 짐승의 시뻘건 이빨과, 그 사이에 낀 붉은 고깃점들을 보았다.

진보적 사상은 오직 약육강식과 생존경쟁에 의하여 유지되는 세상을 그대로 받아들이기를 거부하는 것이지만, 어쩌면 세계의 본질은 우리가 짐승으로부터 진화되었다는 사실로부터 출발해야만 이해될 수 있을지 모르겠다. 어떤 이들은 동물의 눈과 같은 정교한 구조가 만들어지려면 극히 원시적인 구조로부터 시작하여 무수한 중간 단계를 거쳐야 할 것인데, 예를 들면 사물을 식별하기는 전혀 불가능한, 빛을 겨우 희미하게 감지하는

"눈"이 과연 무슨 소용이 있을지 회의하지만, 빛을 희미하게나마 감지하는 그 능력이 어쩌면 오래전 동굴 속에 살던 동물의 생사여부를 결정했을지도 모른다. 이것이 지금까지 이어져서, 인간은 매우 미세한 생리적, 사회적 차이를 극도로 민감하게 자신의 우위로 사용하는지 모르겠다. 이것이 차별의 본질이 아닐까? 21세기의 시간을 살아가는 우리에게 스카이 vs. 지잡대, 문과 vs. 이과, 금수저 vs. 흙수저, 백인 vs. 깜둥이, 한남충 vs. 골페, (지금은 거의 사라진) 공돌이, 공순이 등의 말들이 참으로 익숙하다는 사실은, 결국 우리가 동물로부터 진화했다는 증거가 아닐까? 인간과 사회를 이리저리 분류하여 자신과 다른 부류를 철저히 소외시키고 가해하는 세상에서, 그렇다면 나처럼 어느 줄에도 서지 않는 삶은, 어디에서나 외톨이가 되기 위한 가장 효율적인 방식인가?

    외형은 완벽한 백인인 그 청년이 자신의 이력을 알게 된 것은 돌연한 증상에 의해서였다. 어느 날 아침, 아랫도리를 움켜쥔 채 병원에 실려 온 그는, 그 기이한 증세가 비정상 적혈구와 관련 있음을 진단받았다. 낫 모양의 적혈구[*]가 혈액의 흐름을 방해하여 지속발기와 악성빈혈을 보인 것인데, 주로 흑인에게만 발생한다는 것. 창백한 피부로 태어난 아이를 흑인 부모가 기를 수 없어 백인 가족에 입양한 내력이, 공생을 완강히 거부하는 인간 유전자에 내려진 징벌임을 그는 어느 날 문득 깨달았다. 핏줄이 낫으로 베이는 고통을 오래 견딘 후에 완성한 자전적 소설을 여러 출판사에 보냈으나, 회색인이라는 이유로 모두 거절당했다. 누구도 그의 운명적 사연에 귀 기울이지 않음을 알게 된 그는 몹시 낙담한 끝에 끝없는 혈액투석을 받으며, 너절한 삼류영화 시나리오 수집광이 되어 지역 신문의 부고(訃告) 전문기자로 늙어 갔다.

    – 의학 드라마 〈House〉의 스토리를 변주함

* 겸상(鎌狀) 적혈구(sickle cell)

－「행적 8 - 낫」 전문

  물론 모든 인문학적 명제와 마찬가지로, 동물로서의 인간에 대한, 극히 비관적인 (생물학적) 관점은 매우 한쪽으로 치우친 인간과 사회에 대한 하나의 '모델'일 것이며, 인문학자들은 이러한 사고방식에 격렬하게 반대할 듯하다. (실제로 윌슨 교수의 사회생물학은 인문·사회과학자들로부터 치열한 비판을 받은 바 있다.) 인간사회는 동물의 세계와는 본질적으로 다른 측면이 있는 게 사실이며, 이러한 차이가 인간을 '인간답게' 만드는 특질일 것이다. 인간은 (문명의 옷에 가려 겉으로는 잘 보이지 않는) 야수성과 함께, 타자의 고통에 공감하는 능력도 보유하고 있으니. 인간은 누구나 '고통과 희열을 동시에 담은' 예수의 눈물 한 방울을 간직하고 있는 것이다.

    키프로스 섬 어느 수도원에 가면 고통과 희열을 동시에 담은 예수의 그림이 걸려 있다는데

    진종일 쌓이는 침묵을 쓸며 수만 번 눈빛을 그렸을 중세의 젊은 수사는 붓을 든 채 늙어갔다는데
    오랫동안 간절히, 저무는 창가에서 텅 빈 하늘을 바라보는 날만 있었고 젖은 손을 가만히 어깨에 얹는 기척을 느꼈지만 차마 돌아보지 못했으리라

    그의 얼굴이 지극하고도 무한해서

    순례자들은 길을 묻는 대신 자신의 무게만큼 슬픔과 기쁨을 조금씩 떼

어갔다는데

그림 속에 한 사람의 영혼이 땅끝까지 피를 흘리며 봉인되어 있다는데 영혼의 마지막 감전 같은 기쁨과 슬픔

눈물을 닦아 주던 마지막 눈을 그리고 싶었을까

커다란 머릿속에 갇혀 어지럽게 사는 이들이 지금도 그림 속에서 이따금 울다 간다는데

반쯤 감긴 수사의 붓이 기쁨과 슬픔의 눈꺼풀 사이에서 한꺼번에 떠졌다는데
— 김정임, 「젊은 수사는 붓을 든 채 늙어갔다」, 『마사의 침묵』(2019)

인문학자나 예술가들은 이러한 인간사회의 측면을 지나치게 강조하여 세상을 너무 아름답게, 멋지게 치장하는지도 모르겠다(프란시스 베이컨과 같은 화가는 예외이겠다. 일생 동안 '고깃덩어리'로서의 인간을 끊임없이 그려내었으니). 20만 년 전의 유인원은 과연 '인간'에 얼마나 근접했을까? 많은 증거를 보면 그들은 일단 언어와 문자를 가지지 못했다. 언어는 대략 10만 년~5만 년 전에, 문자는 겨우 6천 년 전에 발명되었다. 이 짧은 기간 동안에 언어와 문자가 발현되어, 그 이전에는 거의 전적으로 생물적 진화에 의존하였던 유인원들이 오늘날의 '인간'의 모습을 입게 되었다는 사실은 경이적이다. 그 과정은 신기하기 그지없다. 그러니, 인간이 생물계와는 별도로 조물주에 의하여 '창조'되었다는 생각이 인간 지성에 깊이 뿌리박고 있는 현상이 전혀 이상하지 않을 것이다.

인간이 유인원으로부터 진화했다는 생각은 인간의 행동에 대한 많은 면들을 설명할 수 있다. 하지만 인간사회의 본질들인 적자생존의 원리나 사회적 차별, 증오, 시기심 등을 말하는 것은 여러모로 기분 나쁠 것이다. 악취가 진동하는 육체에 향수라도 뿌려야 그나마 참을 수 있는 것처럼. 많은 명상가들이 바라듯, 인간에게 과연 초월적인 요소가 있는 것일까? 그것은 이 끔찍한 세상으로부터 벗어나려는 몽상가들의 단꿈이 아닐까? (하긴, 동물로서의 인간에게 몽상의 능력이 있다는 점 자체가 신비롭기는 하다.) 영화 〈그대 안의 블루〉에서 배우 안성기가 중얼거리는 대사("이 세상에는 존재하는 것과 존재하지 않는 것밖에 없다. 그 사이에 무언가 있다는 것은 환상이다. [⋯] 이제 나는 꿈꾸지 않는다.")는 너무나 잔인한 세계관일까?

    스트레스가 심한 개들끼리 싸우기 시작한다. 구석 자리로 밀려난 약한 놈의 귀를 물고 놔주지 않는 날카로운 이빨들. 시끄럽다. 시끄럽다. 말해도 멈추지 않는 소리들을 향해 더 큰 소리로 시끄럽다. 시끄럽다. 말한다. [⋯] 개를 사육하지만 도살도 한다. 근수가 많이 나가는 도사견을 주로 키우지만 버려진 애완견이나 떠돌이개도 키운다. [⋯] 늙고 병들어 움직이지 못하더라도 다리를 절고 눈이 돌아간 병신이라도 농장은 차별하지 않는다. 모든 고기는 저울 위에서 평등하기 때문이다.

                                                           − 정용준, 「개들」 부분

아직도 거의 지옥의 수준에 머물고 있는 21세기의 세상을 보면, 윌슨 교수의 학설이 인간의 어리석은, 비이성적, 본능적 행동에 대한 중요한 열쇠를 주고 있다고 나는 생각한다. 많은 예를 들 수 있지만, 기후변화가 결국 지구를 살 수 없는 곳으로 만들 것이라는 과학자들의 엄중한 경고에도 불구하고, 목전의 이익에 눈이 멀어 이를 외면하는 정치가와 보수종교인, 화석연료 산업의 CEO들을 보라.

다시 '공정'의 문제로 돌아가 보자. 아무래도 이에 있어서 가장 큰 문제를 일으키는 부류는 권력자들일 것이다. 힘을 가진 자들이 출신이 다른 약자를 철저하게 집단적으로 소외시키는 데에 그 힘을 즐겨 사용하는 (이는 자애롭고 고매한 표정들로 가득한 시단에서도 마찬가지다) 현상을 어떻게 이해할 것인가? 시인을 신상이 아닌 문학성으로 평가해야 한다는 생각이 그렇게 기이한가? 그러나 곰곰 생각해 보니, 이성적 판단의 문제가 아닌 것이다. 그것은 자신들의 영역을 침해한 타종족에 대하여 동족에게 보내는 (본능적인) 경고의 신호였겠고, 다른 한편으로는 이 전쟁터와 같은 시단에서 암암리에 출신을 문제 삼아 경쟁자를 제거하고자 했던 (거의 무의식적인) 의도였을 것이다.

요즘 윌슨 교수의 책을 읽으며, 일정 부분 위로가 됨을 어쩔 수가 없다. 그동안 나는 인간에게 과도한 기대를 품었던 것인가? 인간은 결국 머리 좋은 동물이며, 문명의 옷을 벗는 순간 그 본능이 튀어나오는 법이니 (지금 미국의 대도시들에서 벌어지고 있는, 백인 경찰의 흑인 청년 살해를 항의하는 집회가 곧장 약탈과 방화의 현장으로 돌변하는 현장은 너무나 친숙하다). 만약 그렇다면 인간에게 지나친 실망을 느끼지는 않을 것이다. 그리하여, 나는 '헤어진 애인이 그리울 때마다 여자의 인체해부도를 들여다보는 화가'의 심정으로, 윌슨 교수의 책갈피에 숨은 인간의 붉은 잇몸들을 곰곰이 반추하는 것이다.

> 나의 신상을 수록한 종잇장들은 반짝이는
> 눈매를 소매에 숨긴 채 늙어갔으니, 이제
> 맑아지지 않으려, 다만 홀로 어두워지고자

서성이는 하늘의 잿빛 뺨은 얼마나 고운가
부르튼 혀들과 친화하려 남아 있는 웃음의
내장들을 모두 비워버린 나는 처마 아래
우두커니 기댄 빗줄기와 우비를 함께 건넨다
방황하는 맨틀 아래로 추락할까 두려워
톱밥 위에 쭈그려 앉아 판을 벌이는 저물녘의
술꾼들과, 헤어진 애인이 그리워지면 여자의
해부도면을 찬찬히 살펴보는 젊은 화가에게
내 발자국들을 따라 뒤늦게 찾아온 낡은
무덤들의 창백한 눈꺼풀을 뒤집어 보이며

― 「얕은 무덤들」 부분

시와 정치, 시의 정치

한때 '시와 정치'에 대한 논의가 시전문지들의 단골 메뉴가 되었던 적이 있다. 그 발단은 어느 시인의 발언이었는데, 그 요지는 대략 이러하다: 시위에 참여하거나 시국선언과 같은 행사에서 구호를 외치거나 하는 것에 비하여 정치적인 내용을 시로 쓰는 것은 무척 어렵다. 시의 미학을 잃지 않으면서 현실정치를 어떻게 시에서 다룰 것인지에 대한 시인·평론가들의 글들이 부지런히 발표되었는데, 이들 논의에서 공통적으로 보이는 ―거의 수학공식에 가까운― 것은, 위에 요약한 시인의 발언과 랑시에르라는 프랑스 철학자의 이름이었다. 다양한 생각이 표출되어야 할 장에서 어떻게 이런 공통점이 발견될 수 있었을까? 그러나 이 논의들은 별다른 반향도 없이 사그라졌던 것으로 기억한다. 프랑스 철학자의 이론을 우리의 정치현실에 적용하는 것이 그리 효과적이지 않았던 것일까? 아니면 현실정치적 주제를 시의 형식으로 나타내는 것이 원천적으로 가능하지 않음을 반영한 것일까?

문학이 인간과 세계를 이해하는 것이라면, 사회의 모든 면에 강력한 영향을 미치는 '정치'에 문학이 관심을 가지는 것은 지극히 당연할 것이다. 현실정치에 대한 관심을 적극적으로 문학에서 다룬 작가와 시인의 예는 그리 드물지 않다. 실존주의와 앙가쥬망의 표상이었던 사르트르나, 칠레의 상원의원, 프랑스 대사로 활동했던 파블로 네루다가 대표적인 예일 것이다. (이 두 사람은 모두 사회주의자들이었다, 우연일까?) 소설에 비하여 시가 현실정치를 다루는 데에 있어서 훨씬 더 어렵다는 말은 옳은 듯하다. 시에서는 설명이 바람직하지 않고, 또한 시는 은유, 상징 등의 간접화법을 사용하기 때문일 것이다. 네루다의 경우에도 그의 서정시에 비하여 '정치시'는 상대적으로 시의 맛이 부족한 듯 보인다.

우리 문단의 작가와 시인들의 정치적 성향은 어떨까? 적극적으로 보수·진보의 어느 한쪽 편에 서는 문인들도 있겠지만, 또한 많은 수의 문학인들은 중도의 길을 가는 경우도 있다. 그런데, 김수영에 의하면 모든 예술은 불가능을 추구하므로 진보적일 수밖에 없고 또한 불온한 것인데, 잘 살펴보면 보수적인 입장에 서는 우리 문학인들이 많음에 나는 놀란다. 미국 문단(이라는 게 존재하는지는 모르겠지만 – 거기에서는 작가들이나 시인들이 모이는 경우가 거의 없기 때문)에서는 보수적인 생각을 가진 문인들이 거의 외계인 취급을 받는 반면에, 우리의 경우에는 보수와 진보의 비율이 대략 반반 정도일 것으로 보인다. 이는 우리의 특이한 정치적 상황 -남북문제- 때문일 것으로 생각된다. 물론 또 한편에서는 중도적 입장에서 특정한 정파를 지지하는 사람들에 대한 양비적 시각도 존재한다. 실제로 문인이 정치계로 진입한 예가 있기는 하지만, 매우 드물다. 문인들은 대개 행동적이지 않고 또한 상대적으로 리더십이 약한 편이므로, 실제 정치에서 성공하기는 어려운 것이 사실일 것이다. 다른 나라에서도 그 예가 드물다. 체코 대통령이 된 바츨라프 하벨과 칠레의 파블로 네루다의 예외 정도. 루쉰의 말을 인용하여 정치에 대한 시의 무력함을 고백하는 다케우치 요시미에 귀 기울여 보자.

> 문학은 무력하다. 루쉰은 그렇게 본다. 무력이라는 것은 정치에 대해서 무력한 것이다. […] 문학이 정치와 무관하다고 말하려는 것이 아니다. 관계없는 경우에는 유력도 무력도 생겨날 리가 없기 때문이다. 정치에 대해서 문학이 무력한 것은, 문학이 스스로 정치를 소외시킴으로써, 정치와 대결함으로써 그렇게 되는 것이다. […] 문학은 행동이다. 관념이 아니다. 그러나 그 행동은 행동을 소외함으로써 성립하는 행동이다. […] 행동이 없다면 문학은 생겨나지 않지만, 행동 그 자체는 문학이 아니다. 문학은 '여유의 산물'이기 때문이다. 문학을 만들어내는 것은 정치다. 따라서 혁명은 '문학의 색채를 바꾸는' 것이다. 정치와 문학의 관계는 종속 관계도, 상극 관계도 아니다. 정치에 영합하고 또는 정치를 백안시하는 것은 문학이 아니다. 진정한 문학은 정치에서 자신의 그림자를 파괴하는 것이다. 소위 정치와 문학의 관계는 모순적 자기 동일의 관계다.
> —최정우, 「찰나로 외재하는 문학의 이름들, 시의 무력함에 관(계)하여 – 시의 근대적 불가능성이 지닌 몇몇 이름들을 위한 하나의 성명학」(『시로여는세상』, 2019 봄) 부분

80년대가 정치적 상황에 대한 반응으로 시의 사회적 영향이 매우 컸던 시대였음은 주지의 사실이다. 시의 정치적 의식이 높아지는 것은 대개 문학 외부적 상황에 따른 경우가 많은 듯하다. 말하자면 정치적 상황에 대

한 대중요법으로 시가 반응하는 식이다. 2010년대에 들어서서 세월호사건은 충격 그 자체였고, 이를 문학이 다루지 않는다면 이는 직무유기가 될 것이었다. 실제로 많은 소설과 시가 이 기괴한 사건을 다루었고, 시국선언, 시낭송 등의 수단을 통하여 적극적으로 정권에 저항한 바 있다(나는 이런 행사에 초대받지 못했다. 연줄이 없었기 때문이다). 그렇다면 이러한 문인들의 현실참여는 이후 촛불정국에 얼마나 큰 영향을 주었을까? 이 사회의 미래를 극히 비관적으로 본 나는 촛불정국을 통하여 집권자가 탄핵되고 새로운 시대를 열고자 하는 시민들의 열망이 솟구치는 장면을 보고 생각을 바꾸었다. 그래도 아직 희망을 걸 만하지 않은가? 그것은 그러나 문학이 아니라 광화문 촛불잔치 현장의 감동 때문이었다.

　물론, 문학인들 또한 시민이므로 집단 행위에 가담하는 것은 전혀 이상하지 않을 것이다. 또한 작가나 시인들은 자신의 장점을 살려서 시를 낭송한다든가 할 수도 있겠다. 물론 이러한 행위에 반대하는 목소리도 얼마든지 가능하겠다. 문학이 정치적 현실에 적극적으로 개입해야 한다고 믿는 진보적 문인들이 실제로 정치계로 진출하는 것은 이상하지 않을 것이다. 하지만 '순진한' 작가나 시인이 현실정치의 세계로 진입할 때에 자칫하면 이용당하여 문학도 정치도 잃을 가능성이 크다. 존 호지의 연극 〈협력자들〉에서 작가 불가코프가 스탈린의 도구로 이용당하다가 비참한 최후를 맞는 것처럼. 한 가지 의아한 점은, 문학에서 이념을 추방해야 한다는, 순수문학을 표방하는 보수적인 문인들이 사실은 상당히 권력지향이라는 것. 문단 내에서도 문단정치라는 말이 거론될 만큼 '정치'는 만연되어 있다. 그것 자체는 문제 되지 않을지는 모른다. 하지만 이러한 풍토가 현실 정치판에서처럼 '편 갈라 싸우기'로 표출된다면 큰 문제일 것이다. 또한, 사람들을 '내 편' 아니면 '적'으로 양분화하여 연고주의, 정실주의로 확산된다면 이것은 대단히 바람직하지 않을 것이다. 이것은 조선시대 이래로 내려오는 분파주의의 극심한 폐해를 낳을 것이어서, 문학의 공정성을 크게 해치는 비극적인 결과를 낳을 것이다. 현실정치가 잘못하면 문인들은 문인의 입장에서나 시민의 입장에서 당연히 비판해야 할 것. 하지만 이와 함께, 문인들 내부의 '정치'에 대해서도 함구하면 안 될 것이다. 나는 문단의 '정치'에 대하여 말하는 사람들이 의외로 적음에 놀란다. 마치 이에 대해 말하려면 아웃사이더가 될 것을 각오해야 한다는 듯. 어쩌면 연고주의, 정실주의 등의 전근대적 색채가 우리의 뼛속까지 침투하여 이를 도무지 알아채지 못하는지도 모르겠다. 아니면, 이 나라에서 이런 이야기를 펼치는 내가 기이한 자인가?

> 혹시 내가 유럽인이냐고? 머릿속은 그런 듯도 한데, 어차피 내 공부의 선배는 19세기 말까지 이 나라에 단 한 명도 없었으니, 아, 그러니까 빈센트 반 고흐의 〈붓꽃〉이나 〈별이 빛나는 밤〉을 당시의 한국화가들에게 보여 주면 깊은 침묵 외에 무슨 반응을 기대하겠나, 난 다 이해하니 안심하시라고, 그러나저러나 그렇게 독고다이로 좌충우돌, 여기저기 독설을 쏘아대고 인간관계들을 끊으면 결국 고독사할 거라니, 충고는 고맙지만 그냥 이대로 살다 갈 테니! 세포액이 말라 가는지 자꾸 몸이 가렵군, 날갯죽지가 돋아나는 징후도 아니고, 참, 수목장을 하면 뼛가루도 남지 않는다지? 내가 화끈하게 사례할 테니 나중에 빠리 교외의 이응노 화백 작업실 옆 싸이프러스 뿌리 아래쯤에 묻어 주시든지, 말든지
>
>   - 「나는 순정파가 아냐」 부분

시는 특히 세계에 대해 직접적으로 발화하지 않기 때문에 정치적 주제에 대해 표현하기가 더욱 어려울 것이다. 시의 이러한 간접화법은 대체로 뜨거운 정치적 주제를 김빠지게 할 가능성이 많은 것이다. 실상, 서양시의

역사를 보자면, 유럽의 근대시에는 '정치'가 별로 없었고, 주로 남녀 간의 사랑을 노래한 '연애시'에서 기원한 것으로 보인다. 오히려 이 나라의 중세시에서 시의 정치성이 보이지 않을까? 사대부의 전유물이었던 시가 극히 보수적인 입장에서 정치적 색채를 보인 것 아닐까? 자연을 예찬하는 듯한 시편의 한구석에서 임금에 대한 연모를 호소하는, 정치시의 대가인 정철의 경우가 그런 듯하다.

다시 '시와 정치'에 대한 논의로 돌아가자면, 이 어려운 테제는 결국 김수영의 시로 귀결된 것으로 안다. 그의 말을 들어보자.

> 우리들의 싸움의 모습은 초토작전이나 「건 힐의 혈투」 모양으로 활발하지도 않고 보기 좋은 것도 아니다/ 그러나 우리들은 언제나 싸우고 있다/ 아침에도 낮에도 밤에도 밥을 먹을 때에도/ […] / 우리들의 싸움은 쉬지 않는다 […]
>
> — 김수영, 「하······ 그림자가 없다」 부분

어느 평론가가 "김수영의 시적 주제는 자유이다"라고 단언한 것은 김수영의 시가 현실정치에 직접적으로 관련되어 있음을 말한 것이다(김수영 전문가들은 나의 이 거칠고 지나치게 간결한 발언을 용서해 주기 바란다). 물론 김수영의 시는 그 이상(언어를 통한 인간성의 회복)일 것이다. 그러나 인간의 자유를 노래하는 시인이 인간을 속박하는 정치권력에 맞서는 것은 전혀 이상하지 않다. 특히 4·19 혁명에 대한 김수영의 환희를 보면 그렇다. 그렇다면 김수영의 시가 정치적 주제를 성공적으로 다룰 수 있었던 요인은 무엇이었을까? 김수영 연구자들에 의하면 그것은 -폭로주의와 재치주의(기교주의)를 모두 배격하며- 리얼리즘과 모더니즘을 양립시켰던 시인의 역량이었으며, 또한 일상 언어와 리듬의 적절한 사용 등이 김수영을 '큰 시인'으로 만들었던 것으로 평자들은 말한다. 그러니까, 시가 정치적 주제를 다루기는 여전히 어렵지만, 이를 극복하는 방안은 결국 '시적 형식'에 있다고 말할 수 있겠다.

김수영의 '싸움'을 어떤 이는 '혁명'으로 이해한다. 어떤 형태의 혁명을 말하는 것일까? 정치혁명, 군사혁명 아니면 문화적 혁명? 문화의 혁명은 가장 어려울 것이다. 왜냐하면 사람들의 의식을 바꾸어야 할 것이므로. 혹시 줄리아 크리스테바식의 시적 언어혁명을 의미한 것일까? 그렇다면 나는 이에 대한 테리 이글턴의 퉁명스러운 반응을 인용하고 싶다: "언어혁명이 일어난다고 해서 부르주아 사회가 무너지나?" 나는 김수영의 '싸움'을 시인의 내적 투쟁쯤으로 읽는다. 현실적으로 시인에게 혁명을 일으킬 능력이 있는가? 역사상 시인이 혁명을 주도한 적이 흔한가? (벨벳 혁명에서 바츨라프 하벨이 어떤 역할을 담당했는지는 좀 더 조사해 봐야겠다.) 네루다는 진보 진영의 대통령 후보를 제안받았으나 살바도르 아옌데에게 양보하였다. 시인이 국가의 리더로서는 맞지 않음을 자각했을까? 시인은 그저 혁명의 한복판에 발을 담근 채 혁명시를 낭송할 뿐이다. 그럴 수 있는 시인은 그나마 행복할 것. 대부분의 시인들은 피폐한 정치현실 속에서 투덜댈 뿐이다. 어느 해 4월의 사건에 대하여 굳게 침묵하던 누군가가 어느 4월의 아침에 퍼뜩 깨어, 그 전날 드라마에서 본, 부패한 형사의 무시무시한 대사를 기억하여 부르르 떨며 중얼거리듯.

동이 트는 아침, 클래식 전문 FM 방송의 명랑한 선율을 기대한 A는 갑자기 등장하는 장엄미사곡에 이내 깨닫는다. 아, 4월의 그날이군.

아침뉴스에 낯익은 장면이 잠깐 스친다. 진보주의자들의 모닝 찻잔 속에서 충돌하는, 커피 빙산들의 브라운 운동이 타이타닉 침몰의 원인이었음

을, 애국을 칭하는 붉은 얼굴의 무리가 격렬히 시위하는 보도를 보며

그는 중얼거린다 — 비극이 극한을 넘으면 관례가 되는군.

그날 이후 초현실주의 화가 이브 탕기에 매료되어 무림의 고수처럼 공중을 붕붕 날아다니는 동료 시인들을 이제는 잘 이해한다 — 온전한 정신은 살아남기에 매우 중요하므로.

마음이 어둑해진 A는 〈날아라, 병아리〉를 듣는다. 더 높은 횃대를 탐한 종족의 음험한 책략으로 영원히 잠든 새들을 애도하며.

CNN으로 눈을 돌린 그는 희대의 전염병 시국에서, 상대 정파에 맞서려 마스크를 불태우며 백신 접종을 거부하는 아이비리그 출신의 엘리트들에 경악하지만

물 건너의 지도자들을 비웃음은 정상 심리의 범주를 벗어나지 않으므로 웃어넘긴다. 이 험난한 세상에 블랙 코미디를 펼치는 그들을 고마워하며.

아침 식단, A는 사과껍질을 깎아내며 찻물을 데우며, 전날 저녁에 본 심오한 연속극을 떠올린다. 증거를 조작, 무고한 자를 사형선고로 이끌어 자결하게 만든 형사의 매몰찬 변을.

〈세상에 진실이란 건 없다. 오직 매 순간 자신에게 유리함과 불리함만이 존재할 뿐!〉

〈

허락된 하루의 고귀한 일상으로 진입한다. 하지만, 욕조에 반신을 담그는 순간 왠지 아파트의 바닥이 기우뚱, 심연을 향해 빨려 들어가고, 심장박동은 한참을 건너뛴다.

두려운 비밀을 간직한 일기장이 철갑을 두른 채로 골방에서 식은땀을 흘린다. 내 사랑을 믿어도 될까 - 그는 눈을 감고 〈4월이 울고 있네〉를 듣는다.

그의 시선은 묵묵히 바다를 바라보는 방파제의 기억 속, 핏빛 시간의 정맥들이 물 위를 가득, 둥둥 떠다니며 맨살을 씻어내는 열망에 사로잡힌다.
— 「낙원에서의 네 번째 에피소드」 전문

윤휴와 마스크의 정치학

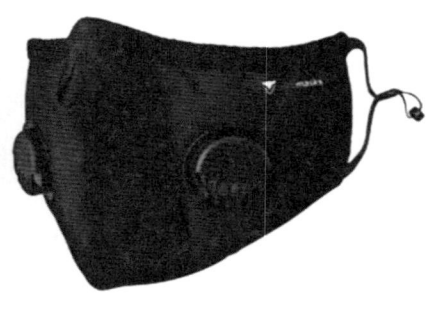

조선 후기(효종~숙종)의 문신이자 성리학자였던 윤휴(尹鑴, 1617~1680)에 대하여 처음 알게 된 것은 우연히 얻은 책으로부터였다. 출판사『다산초당』에 근무하던 조카로부터 교양과학 서적을 번역하는 일을 제안받는 자리에서 얻은『윤휴와 침묵의 제국』을 책장에 오래 세워 두다가 몇 년 후에 읽게 된 것이다. 한국사에 대해서는 기이할 정도로 거부감을 가져온 나로서는 퍽 이례적인 일이었지만, 책을 읽어 내려가던 나는 '예송 논쟁'의 부분에 이르자 곧장 책을 팽개쳐버렸다. 효종의 장례를 1년으로 할지, 3년으로 할지에 대한 대립과정에서 당시의 당파들이 보이는, 지극히 무용한 명분에 근거한 정쟁과 그에 따른 살육이 나의 인내심을 바닥낸 것이었다. 그 명분이 물론 반대파에 대한 공격의 도구였겠지만, 지독한 공리공론인 성리학을 유일의 절대진리로 받들던 조선후기의 정치·문화적 배경이 결국 나라를 망쳤다는 생각에 너무 화가 치밀었기 때문이었다.

그 후, 한신대 김준혁 교수의 유튜브 영상을 보면서, 만약 극히 강한 인내심을 발휘하여 그 책을 끝까지 읽었다면 나는 윤휴와 그의 시대를 좀 더 잘 이해할 수 있었겠다는 생각을 하게 되었다. 무엇이 윤휴를 그 시대의 반항아로 만들었으며, 그가 결국 사문난적의 죄로 처형되었는지를. 김 교수에 의하면 윤휴는 중국 송대의 주자에 의하여 해석된 공자의 사상을 자기 나름대로 재해석하고자 했던 것이다. 그러니 이 유학자는 성리학 자체를 거부한 것이 아니라, 중국에서 전래된 공자의 사상을 주희가 아닌 조선 학자의 입장에서 새로 살펴보고자 시도한 것이다. 그것이 무슨 문제냐고 21세기 사람들은 물어올지 모르겠으나, 적어도 조선 후기의 정치·문화적 상황에서 이는 절대진리에 대한 반역이고, 기득권자들에 대한 중대한 도전으로 보였던 것이다.

내가 한국사에 대하여 지독한 거부감을 가지게 된 것은 물론 내가 이 나라의 역사에 대하여 정통했기 때문이 아니다. 그것은 학생 시절에 국사를 배우게 되면서, 특히 조선사에 대해 알게 되면서 느끼게 된 기이한 이질감과 짜증 때문이었다. 왜 그리 느꼈을까? 나는 그 시절에 유교가 시대에 전혀 맞지 않는 과거의 유물이어서 20세기의 문제들을 해결하는 데에는 전혀 무력하다는 사실을 본능적으로 느꼈고, 또한 외국으로부터 수입된 사상과 이념이 사회의 절대진리로 추앙되며 이에 대한 어떠한 반론도 용납하지 않았던 시대의 끔찍한 '단색문화'에 질렸던 것이다.

당론

피타고라스 학파의 히파수스는 무리수의 존재를 누설하여 동료들에 의해 지중해에 수장된 것으로 전해진다. 조선조의 사대부들은 이 사건을 눈부시게 일반화, 독보적 철학 개념인 '당론(黨論)'을 만들었다. 조선 후기사에 빈번히 등장하는 이 어휘는 2000년대의 한양 신문에 자주 비친다.

익(翼)

'절이 싫으면 중이 떠나라'는 명제를 일생 동안 탐구한 동래의 철학자는 한반도를 떠돌며 수많은 절들에게 의견을 물었는데 응답을 들을 수 없었다. 어느 날 옥편을 뒤적이다가 날개 익(翼)을 접한 이후, 그는 고독하지만 만족스러운 여생을 보냈다. 그가 남긴 일기장의 마지막 쪽에는 "서로 다른 깃털들이 날개를 만들다"라고 씌어 있었다.
- 「세상에 편승하는 수순 - 단편으로 본 미시근대사 제4~6화」 부분

이러한 독단적 이념의 폐단은 물론 서양 사회에도 존재했다. 중세 카톨릭 교회가 대표적인 예일 것이다. 카톨릭의 부패와 전횡이 극대점을 이룬 16세기 초의 유럽에서는 카톨릭과 프로테스탄트 양 진영에 의하여 카톨릭 교회와 교황의 절대적 권위에 대한 회의와 성찰이 진행되었다. 인간 정신의 전체를 종교가 지배한 중세의 마지막 시기에 유럽의 성직자들과 학자들은 유아세례와 성물의 존재가 과연 성경의 가르침에 합당한 것인지, 성체가 과연 물질로부터 변하여 예수의 몸과 피가 되는 것인지 등등의, 근대 이후의 합리적 관점으로 보자면 인간의 세속적인 삶과는 별로 관계가 없는 황당한 논제에 골몰했었다.

새로운 추종자들 중의 일부는 성체에 대하여 루터보다 더 급진적이기를 원했다; (성체가 예수의 몸과 피로 변화하는) 성변질(transubstantiation)의

개념을 루터는 비웃었지만 그들은 더 나아가서 (성변질의) 기적 자체를 조롱하며, 빵과 포도주는 구세주의 희생을 기억하게 해 주는 상징일 뿐, 어떠한 의미로도 신의 몸과 피가 될 수 없다고 말했다.

― Diarmaid MacCulloch, 『The Reformation』(2003)

신앙에 대한 서로 다른 관점을 가진 자들이 대립하여 발생한 30년 전쟁은 막대한 사상자와 파괴로 이어졌다. 다행히도 이러한 무용한 논쟁들의 대척점에서 유럽의 정신을 바로잡은 것은 자연과학과 이에 근거한 인간 이성의 신뢰 - 계몽주의였으며, 종교적 독단의 끔찍한 폐해에 대한 유럽인들의 경험은 후대 유럽 국가들의 정경분리로 이어졌다. 반면, 쇄국의 길을 택했던 조선조는 세계사의 변방에서, 전혀 쓸모없는 이념을 수호하는 (유교의 입장에서 보자면, 자연과학은 꿈에도 나타날 수 없는, 외계인의 천박한 학문이다) 기득권자들이 세운 가공할 방호벽 속에서 아무런 희망도 없는 망국의 운명을 따라갔던 것이다.

역사에 문외한인 내가 감히 윤휴의 이야기를 꺼내는 것은 그 시대를 심도 있게 조망하자는 의도가 아니다. 그의 예를 보면서 나는 개인과 사회, 개인과 조직 사이의 문제를 생각해 보는 것이다. 자신의 시대를 지배하는 이념·철학·체제를 부정하고 나선 사람들의 생애를 살펴보면서 몇 가지의 질문에 대한 성찰을 시도하고자 하는 것이다: 개인은 세상을 얼마나 바꿀 수 있을까? 개인이 사회 또는 조직을 이길 수는 있을까? 이것은 나이가 들어갈수록 점점 패배감과 실의에 빠져가는 나를 좀 더 맑은 피로 수혈하려는 다짐이기도 하다.

"모든 조직은 광기에 젖어 있다"고 누군가는 말했다. 이는 조직뿐 아니라 사회에 대해서도 마찬가지이다. 사실 이 말은 조직보다는 사회에 적용될 때에 더욱 깊은 울림을 줄 수 있겠는데, 정당, 회사, 학교 등의 조직에 대하여 개인은 다소간의 선택권을 가질 수 있겠지만, 개인이 소속된 국가와 사회에 있어서는 극도로 제한된 가능성만을 가지게 되기 때문이다. 개인은 태어난 순간부터 사회의 가치와 규범 체계 하에 놓이게 된다. 만약 개인이 이 규범·가치 체계 밖으로 나가고자 한다면 사회로부터 심대한 불이익과 처벌을 받을 각오를 해야 할 것이다. 어쩌면 사회는 거대한 감옥일지도 모른다. 사회가 개인의 생각과 행동을 통제하는 수단으로서 감시와 처벌을 어떻게 사용하는지, 이는 사회조직이 다수를 지배해야 하는 권력의 장애요소들을 감소시키는 세밀한 기술적 창조의 집합으로서의 '규율'이라는 개념을 통하여 미셸 푸코가 『감시와 처벌』에서 예리하게 고찰한 바 있다.

> 규율은 17세기와 18세기를 거치면서 지배의 일반적인 양식이 되었다. […] 규율의 역사적 시기는 신체의 능력 신장이나 신체에 대한 구속의 강화를 지향할 뿐만 아니라 하나의 메커니즘 속에서 신체가 유용하면 유용할수록 더욱 신체를 복종적으로 만드는, 혹은 그 반대로, 복종하면 복종할수록 더욱 유용하게 하는 그러한 관계의 성립을 지향하는, 신체에 대한 하나의 기준이 생겨나게 되는 그런 시기이다. 이때 형성되는 것은 신체에 대한 작업과 신체의 요소 몸짓, 행위에 대한 계획된 조작이라는 강제권의 정치학이다. […] 하나의 '권력의 역학'이기도 한 '정치 해부학'이 탄생하고 있는 것이다. 그 '해부학'은, 단순히 다른 사람들로 하여금 해주기를 바라는 일을 시키기 위해서 뿐 아니라 […] 규율은 이렇게 복종 되고 훈련된 신체, '순종하는' 신체를 만들어낸다.

모든 개인은 사회의 주술 아래에 놓여 있는 것이며, 개인이 이를 극복해내는 일은 사실상 불가능하다. 때때로 주어진 사회의 정신적 토질에 새로운 흙을 부여하는 사람들이 있고, 우리는 이들을 천재라고 부를 수 있겠다. 하지만 이들도 자신들에게 부여된 문화적 배경이 없이는 이러한 작업을 이룰 수 없다. 진공으로부터 무엇을 만들어내기는 애초에 불가능한 일이다. 이런 의미에서 역사적으로 뛰어난 천재들의 기여는 'marginal'하다고 보아야 한다. 그 과정에서 이들이 기존의 체제로부터 많은 비난과 소외를 감수하게 되는 것은 지극히 흔한 일이다. 19세기의 인상파 화가들이 그랬고, 초기의 지그문트 프로이트도 마찬가지였다.

조직(사회)이 개인에게 가장 강력한 힘을 발휘하는 경우는 물론 군대라 하겠다. 군대조직에서 개인은 조직의 목적을 달성하기 위한 부속적 수단일 뿐, 개성이라든가 창의성은 대부분 무시된다. 상부의 부당한 명령에 맞서 스스로 목숨을 포기한 병사의 예술관을 피력한 노트의 한 구절은 나의 시선을 오래 붙잡아 두었다.

> 진정한 예술적 양심을 포기하지 않는 한에서만 나는 예술이 모든 것을 초월할 수 있다고 […] 그런 확신이 없는 한 예술은 결코 절대적일 수가 없소이다. 그리고 그런 절대적 가치를 스스로 지켜나가지 못하는 한 예술은 어떤 의미로든 한 시대의 시대적 필요성에 부응하거나 동참하는 도구가 될 수밖에 […] 많은 예술인들이 이 땅 위에서 명멸했지만, 진정한 의미로서의 예술인을 찾아보기가 쉽지 않다는 사실만으로도 […]
> — 박상우, 「스러지지 않는 빛」(『샤갈의 마을에 내리는 눈』, 1991)

하지만 '조직의 광기'는 군대뿐 아니라 정당, 검찰, 사법부, 언론, 종교, 학계 등등, 도처에 존재한다. 최근에 종료된 뛰어난 TV 드라마 〈비밀의 숲 2〉에서 주인공들인 검사(황시목)와 경찰(한여진)은 각기 소속된 조직의 직속상관이 범죄에 개입한 후에 이를 감추려 한다는 사실을 인지한다. 양

조직의 거대한 조직 논리에 대항하여 이들은 대검 부장검사와 경찰청 단장을 파멸시킨다. 이것은 실제로 가능한 일일까? 언론의 보도를 보면 내부고발자와 같은 사람들이 실제로 존재하고, 그러한 일들이 간혹 발생하기는 하지만 이는 몹시 어렵다는 점을 이해해야 할 듯하다. 본인이 그 조직으로부터 퇴출될 각오를 하지 않는다면 거의 불가능할 것이다. 모든 조직이 '조직 논리'를 수호하는 이유는 무엇일까? 구성원들이 그 조직의 규범과 가치가 옳다고 합의하여 받들기 때문일까? 대부분의 경우는 그렇지 않을 것이다. 조직의 구성원은 조직으로부터 내쳐지는 공포를 감당하지 못할 것이며, 반대로 조직의 구성원으로 존속할 때에 보장된 이익을 물리치지 못하기 때문일 것이다.

최근의 코로나-19사태는 또한 '조직의 광기'에 대해 많은 것을 생각하게 한다. 특히, 지극히 사소한 물건인 마스크를 둘러싼 논란은 주목할 만하다. 이제는 거의 상식으로 받아들여지는, 마스크가 바이러스의 전파를 상당 부분(85% 이상) 방지할 수 있다는 사실이 왜 논란이 될까? 서양사회가 문화적으로 마스크 착용에 대해 거부감을 가진다는 사실은 이해할 수 있겠다. 실제로 코로나-19사태의 초기에 미국 CNN의 의학담당 전문기자는 마스크의 효용에 대해 '반반'이라고 답변했었다. 하지만 그 후의 많은 의학적 증거들에 의하여 이제는 거의 모든 국가들에서 마스크 착용을 권고 또는 강제하기에 이르렀지만, 특히 미국에서는 아직도 인구의 절반쯤이 이를 거부하고 있다. 그 이유는 참으로 비이성적이다. 보수 진영의 지도자들이 경제에 대한 악영향을 두려워하여 이 전염병의 위력을 과소평가하려 마스크 착용을 반대하기 때문이라는 것. 어떤 이들은 마스크 사용이 '언론의 자유'를 침해한다는 해괴한 논리를 내세우기도 한다. 이는 정치(정확히는 진영) 논리가 어떻게 인간의 이성을 마비시킬 수 있는지를 보여주는 가장 좋은 최근의 예라고 하겠다. 특정 정당이 붉은색을 당의 색으로 사용하고, 상대 정당은 푸른색을 표명하는 정도의 진영논리는 받아들일 수 있겠다. 하지만, '우리는 마스크를 착용하지 않는, 너희는 마스크를 착용하는' 진영이라는, 미국 엘리트들의 이 '멍청한' 정치논리를 도대체 어떻게 이해할 것인가? 마스크가 정치적 메시지가 아니라 의학적 수단이라는 사실을 이들은 왜 외면할까?

  임진왜란 이전, 일본의 정황을 탐색하려 파견된 두 진영(당파)의 사절들이 돌아온 후, 한쪽 편이 왜구의 침공에 대비해야 한다고 왕에게 고하자, 다른 편은 이에 동의하면서도 즉각 반대되는 보고를 올리는 비극적 장면이나(그 사이 일본은 16세기 초 독일에서 개발된 소총제작법을 익혀 조총을 들고 한반도로 돌진, 조선의 관군을 초토화했다), 윤휴의 편에서 효종의 장례를 3년으로 하는 것이 옳다는 의견을 올리자, 이에 동의했던 송시열(이 자가 조선 망국의 과정을 시작한 것으로 사학자들은 본다) 진영이 일제히 반대하며 일년상을 치르는 것이 맞다고 강변하는 황당한 장면은 21세기의 정치에서도 흔하다. 집단심리와 목전의 이익에 눈이 멀어버리는 인간의 어리석음을 어찌하랴. 그러하니, 다만 뇌의 한구석에 아직 겨우 살아 있는 인간 이성의 몇몇 편린들을 믿으며, 미완의 정의실현으로 끝나는 드라마의 말미를 장식하는 낮은 독백으로 위안을 삼아 이 우울한 세상을 살아가는 수밖에.

    진리를 좇아 매진하는 것, 도리를 향해 나아가는 것, 이는 모두 끝이 없는 과정이다. 멈추는 순간 실패가 된다. 변화를 향해 나아간다는 건 나의 발이 바늘이 되어 보이지 않는 실을 달고 쉼 없이 걷는 것과 같다. 한 줌의 희망이 수백의 절망보다 낫다는 믿음 아래 멈추지 않는 마음으로 다시.

                                                           – 드라마 「비밀의 숲 2」 中

난장이가 보내온 작은 기억들

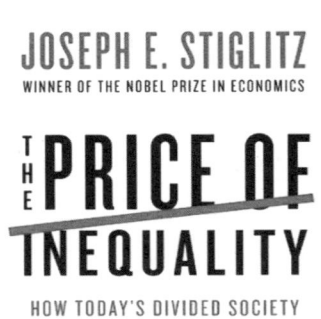 

J. Stiglitz, 〈The price of inequality〉   Paul Klee 〈A tiny tale of a tiny dwarf〉

내가 학부를 다닌 시기는 정확히 1970년대의 중반이었다. 지금은 까마득한 과거인 그 시절에 박정희의 유신정치, 반정부인사들과 학생들에 의한 시위, 수많은 시국사건들과 그들에 대한 격렬한 탄압이 발생했다. 군인들의 캠퍼스 점령과 함께 휴교가 빈번하여 학기는 늘 반 토막이었다. 이과 학생이었던 나는 시위 학생들의 뒤춤에서 이 우울한 시기를 보냈다. 무엇보다도 겁이 많았고, 학교 내에 고등학교 동문이 없었던 (나는 검정고시 출신이다) 나에게 접근한 운동권 선배가 없었기 때문이다. 시대의 모순을 분명히 알고는 있었지만, 그에 대한 항거를 실행하지는 못했던 것이다. 나는 그때나 지금이나 외톨이였던 셈이다.

60년대나 70년대를 이야기하면 누구나 '그때는 참 가난하고 살기 어려웠지'라고 말하지만, 나의 청소년기는 그 정도가 아니었다. 중학교 들어가기 직전에 우리 집은 완전히 망하여, 수저 몇 벌과 함께 거리로 내몰렸다. 이후 서울의 빈민촌들을 순례하여, 주로 철거민들이 모여 살던 약수동, 봉천동, 신림동의 빈촌에서 사글세로 살았다. 학부 4학년 때에 겨우 셋집을 면한 것으로 기억한다. 한참 정서적으로 민감하던 시절에 겪은 이 적빈은 나의 마음에 큰 상흔을 남겼는데, 이과 출신인 내가 나중에 시를 쓰게 된 동인들 중 하나였다. 만약 내가 어문학과 학생이었다면 이 끔찍했던 경험을 문학적으로 풀어냈을 수도 있겠다. 하지만 가난에 대한 당시 나의 반응은 '반드시 극복해내야 할 것'이었다. 여동생이 셋이나 있는 삼대독자인 나에게 그것은 공포이자 치욕이었다. 문학에 관심은 있었으나(실제로 나는 학부 시절에 시를 습작하여 대학신문에 발표하기도 했고, 〈독서신문〉이라든가 『심상』 등의 문예지를 정기구독하기도 했다), 나는 문학이 돈이 되지 않는다는 사실을 너무 잘 알고 있었으며, 집안을 일으키기 위해서는 전공 공부를 게을리할 수가 없었다(내가 문과를 포기하고 적성에 맞지 않는 이과를 선택하게 된 이유는 산문집 『겹눈』에 잘 기록되어 있다).

 소설집 『난장이가 쏘아올린 작은 공』을 처음 읽은 것은 아마도 대학원 재학시절이었던 것 같다. 작가가 1975년부터 발표한 단편들을 책으로 묶어 출간한 것이 1978년이었으니. 여러 잡지에서 서평을 읽은 후에 구입했던 듯하다. 그중 몇 편의 단편소설은 문예지에서 읽었을 것이다. 아마도 나는 이 책의 초판을 구입했을 텐데, 카이스트 기숙사의 귀퉁이에 꽂혀 있다가 졸업 후에 광명시 철산동의 내 방에서 잠자던 그 책은 내가 미국에서 고투하던 시기에 행적을 감추었다.

 천국에 사는 사람들은 지옥을 생각할 필요가 없다. 그러나 우리 다섯 식구는 지옥에 살면서 천국을 생각했다. 단 하루라도 천국을 생각해 보지 않은 날이 없다. 하루하루의 생활이 지겨웠기 때문이다. 우리의 생활은 전쟁과도 같았다. 우리는 그 전쟁에서 날마다 지기만 했다.
— 『난장이가 쏘아올린 작은 공』 부분

지금은 한국문학의 불후의 명작으로 남게 된 이 아름다운 소설집을 당시에 내가 어떤 느낌으로 읽었는지를 확실히 기억하지는 못하겠다. 문학에 대한 전문적 식견이 없었던 나에게 그 책에 대한 인상은 '경이' 그 자체였다. 아마도 나는 물었을 것이다: 이 아픈 얘기들을 어떻게 이토록 아름답게 쓸 수 있을까? 특히, '뫼비우스의 띠', '우주여행'과 '클라인 씨의 병'과 같은 자연과학적 소재들의 신선한 감각을 기억한다. 전문가들의 용어를 빌리자면, 환상과 현실이 아름답게 교직하는, 사실주의와 모더니즘이 잘 결합된, 마술적 사실주의의 고전인 『백 년 동안의 고독』, 『양철북』의 뒤를 잇는 명작이었다. 그것은 아마도 문학의 신이 작가의 손을 빌려 쓴 전무후무한 사건에서 잉태된 책이 아니었을까? 그러니 지리멸렬한 작품들로 연명하는 많은 작가들과는 달리, 조세희 작가가 단 한 권의 책을 쓴 후 침묵한 이유를 알 수도 있을 것 같다. 실상, 작가는 그 후 문단보다는 노동현장에서 자주 보였었다. 작가의 말을 들어보자.

내가 '난장이'를 쓸 당시엔 30년 뒤에도 읽힐 거라곤 상상 못 했지. 앞으로 또 얼마나 오래 읽힐지, 나로선 알 수 없어. 다만 확실한 건 세상이 지금 상태로 가면 깜깜하다는 거, 그래서 미래 아이들이 여전히 이 책을 읽으며 눈물지을지도 모른다는 거, 내 걱정은 그거야.
— 조세희, 2008년 발간 30주년을 맞아, 한겨레 신문과의 인터뷰 中에서

이과 대학원생이 운동권 학생들의 필독서이자 고전이었던 이 책을 읽었

다는 사실이 독자들에게는 좀 의아할지 모르겠다. 하지만 실상 나는 대학원 시절에도 전공이 맞지 않아서 꽤 방황했었고, 꼭 필요한 만큼의 시간과 에너지만 전공 공부에 소비하여 나머지는 이런저런 '딴짓'을 찾아 해찰하곤 했다. 사회과학책도 꽤 읽고, 문학작품도 끊지 않았다. 대학원에 진학한 이과생이 진로를 정하지 못하고 갈팡질팡했다는 이야기는 내가 생각해도 좀 이상하지 않았나, 회상한다. 『난장이가 쏘아올린 작은 공』을 읽게 된 동기는 물론 내가 사회운동에 진입하거나 노동현실로 진출하기 위한 것은 아니었고(그러기에는 나는 그 현장으로부터 너무나 멀리 떠나왔었다), 굳이 말하자면 '세상을 잘 알고 싶어서'였겠다. 나는 확실히 이과 학생으로서는 인간세상과 현실에 지나친 관심을 가지고 있었던 것인지 모르겠다(과거 한때 2년 반가량 경제학을 아주 열심히 공부한 시기가 있었다). 그러하니, 나이가 든 지금에도 이 나라의 정치현실이 어떠하니, 언론이 이 사회의 가장 큰 적폐니, 하고 말하면 문과 사람들은 상당히 의아해하거나 아니면 몹시 기분 나쁜 안색을 보이는 것일 게다. '이과 선생이 전공 공부나 할 것이지, 왜 우리의 나와바리(영역)를 침범하느냐', 라는 질책일 게다. 이과 출신이 사회에 관심을 가지면 안 되는 것인가?

시인이 되어 시를 쓰고 인문학과 사회과학 공부를 하며 나는 인간사회의 여러 문제점들과 모순들을 새삼 깊이 알게 되었다. 그것이 나에게 무슨 실질적인 이득을 주는 것은 아닐지라도, 나는 세상을 좀 더 명확하게 알고 싶었던 것이다. 적어도 가진 자들에게 속지는 말아야 하지 않겠는가? 기만당한다는 것은 매우 기분 나쁜 일일 터이니.

이 책을 다시 회상하게 된 계기는 죠셉 스티글리츠 교수의 『불평등의 대가(代價)』라는 책이었다. 미국사회의 불평등의 문제를 경제학자의 입장에서 분석한 이 책에서 저자는, 대부분 성장의 과실이 사회의 상위 1%에게만 돌아가는 체제는 경제성장 자체를 위해서도 바람직하지 않고, 민주주의의 존속에도 결정적인 해악이 될 수 있다고 피력한다.

> 이 나라의 부의 모든 축적물은 상위 계층에 돌아갔다.
> 불평등은 (시장이) 비효율적이고 성장을 저해하는 단계에 이르렀다.
> 상위계층에 돌아간 부는 "일자리 창출"과 혁신에 기여하지 않았고, 정치(체계)를 왜곡하고 있다.
> 1%의, 1%에 의한, 1%를 위한.
> 시장의 근본적인 이념은, 그 이외 사람들을 희생으로 하여 상위 계층의 이익을 위한다는 것으로 되었다.
> 경제체제와 정치체제가 근본적으로 불공정하다는 것이다.
> 왜 부유층의 부는 증가하고, 중산층은 비어가고 있으며, 빈곤층은 늘어나는 것일까?
>
> — J. E. Stiglitz, 『The price of inequality』(2013)

빈부격차의 문제는 조세희의 소설집이 발표된 반세기 후에도 비정규직 노동자, 청년실업, 갑질 문화 등등의 옷을 입고서 시퍼렇게 살아 있다. 사회의 파이가 전체적으로 커졌다 하더라도, 스티글리츠 교수의 혜안대로 그 과실은 거의 대부분 가진 자들의 몫이 되었다. 일주일에 105시간을 정신없이, 거의 인간 체력의 한계까지 일하며 한 달에 200만~300만 원을 받는, 건강보험도 없고 퇴직금도 없는 임시직 노동자들이 경제 규모 세계 11위의 나라에 존재한다는 것은 수치이다. 어쩌면 세계 11위의 경제가 이들의 희생으로 이루어졌는지도 모르겠다. 산업현장에서 아무런 안전장치도 없이 일하는 노동자들이 어느 날 갑자기 벨트에 빨려 들어가고 추락사고로 사망하는 현장을 우리는 너무나 많이 본다. 반도체 공장의 용매를 자신도 모르게 흡입하여 사망한 여직원들의 가족이 정당한 보상을 받기 위해

십수 년을 투쟁하는 일은 너무나 흔하다. 내가 할 수 있는 일은 그저 소액의 지원금을 매달 몇 군데의 구호단체에 보내는 일일 뿐이지만, 자본주의의 집요한 위선에 넘어가지는 말아야 할 것 아닌가? 사회의 총체적, 제도적인 경제사회적 문제를 노동자 개인들에게로 돌린다는 (당신이 게으르고 무능하기 때문에… 당신 말고도 일하고 싶어 하는 사람은 많으니까…) 사실이 가장 끔찍하다는 진보언론인 이완배 기자의 지적에 나는 전적으로 동의한다. 진실을 알아야 아주 작은 일이라도 할 수 있지 않은가?

    받을 돈이 있다는 친구를 따라 기차를 탔다 눈이 내려 철길은 지워지고 없었다

    친구가 순댓국집으로 들어간 사이 나는 밖에서 눈을 맞았다 무슨 돈이기에 문산까지 받으러 와야 했냐고 묻는 것도 잊었다

    친구는 돈이 없다는 사람에게 큰소리를 치는 것 같았다 소주나 한잔하고 가자며 친구는 안으로 들어오라 했다

    몸이 불편한 사내와 몸이 더 불편한 아내가 차려준 밥상을 받으며 불쑥 친구는 그들에게 행복하냐고 물었다 그들은 행복하다고 대답하는 것 같았고 친구는 그러니 다행이라고 말하는 것 같았다

    믿을 수 없다는 듯 언 반찬그릇이 스르르 미끄러졌다

    흘끔흘끔 부부를 훔쳐볼수록 한기가 몰려와 나는 몸을 돌려 눈 내리는 삼거리 쪽을 바라보았다 눈을 맞은 사람들은 까칠해 보였으며 헐어

보였다

받지 않겠다는 돈을 한사코 식탁 위에 올려놓고 친구와 그 집을 나섰다 눈 내리는 한적한 길에 서서 나란히 오줌을 누며 애써 먼 곳을 보려 했지만 먼 곳은 보이지 않았다

요란한 눈발 속에서 홍시만 한 붉은 무게가 그의 가슴에도 맺혔는지 묻고 싶었다

– 이병률, 「외면」(『바람의 사생활』, 2006) 전문

사회의 그늘에서 몸을 낮추어 사는 이들에 대한 관심과 연민은 나의 청소년기의 가난한 삶에 의한 것이겠다. 고귀하게 태어나 일생을 유복하게 산 자가 이들에게 공감을 느끼기는 어려울 것이다. 그 지독한 시절은 결코 나를 떠나지 않은 것이다. 나는 시인으로서 어둡고 낮은 세상에 대하여 말하고 싶다. 어려운 문학이론이나 무용한 현학, 난삽한 철학과 진부한 정서보다는 진실로 확실하고 단단한 정치·사회·경제적 감각이 내 시의 창문이 되면 좋겠다. 그리하여, 이 아름다운 소설집의 처음과 마지막에 등장하는 수학선생님처럼, 시인을 그만둘 때에는 굴뚝 청소를 마친 두 아이에 대한 질문을 마치고, 외계인의 걸음걸이로 어두워가는 교실을 떠나면 좋겠다.

그날 늦은 저녁에 나는 한 시간을 기다려
반값 세일 트리플 오니언 버거를 구매했다
늘 우리의 위태로운 가계를 근심해 주는
로널드 맥도널드 씨의 후의에 감사하며

⟨
트리플 버거라는 이름의 이물감이라든가
매운맛이 제거되어 단맛으로만 남은 양파의
생경함 따위는 잊어버리고 이 순간, 세계의
⟨낯설음⟩이라는 현학과는 결사적으로 무관하게
⟨Enjoy it!⟩이라는 맥도널드 씨의 낙천에 기대어

[…]

트리플 오니언 버거를 완전히 소비한 나는
축축한 버거 포장지를 버리려다가
흰 종이와 알루미늄 박막이 따로 놀아 너덜거리는
귀퉁이를 주목한다. 그렇다면 이 순간 내가
겨우 감당할 수 있는, 세상을 향한 극소의
진실은 무엇인가? 빵을 감싼 은박지의 양면이

두 겹인 채로는 절대로 재생불능이어서
결코 화해할 수 없는 빈자와 가진 자 사이의
이질감처럼 머나먼 두 표층을 철저히 분리해야
양쪽 모두 지구를 구할 자원이 될 수 있다는
냉철한 자본가 로널드 맥도널드 씨의 차가운 선언에
평행한 철로처럼 마주보는 두 불투명 막을 난감한
자세로 천천히 떼어낼 수밖에 없었다는 것

— 「친절한 맥도널드 씨」 부분

〈자유〉의 허실에 대한 몇 토막의 명상: 아미쉬, 자유민주주의, 검은 섬

10여 년 전쯤에 나는 시잡지의 〈시인이 바라는 세상〉이라는 꼭지에 아미쉬(Amish) 부족에 대한 짧은 산문을 보낸 적이 있다. 그 글의 일부는 다음과 같다.

> 문명의 혜택을 거부한 채 살아가는 사람들이 있기는 하다. 미국 동부와 중서부에 군락을 형성하여 살아가는 아미쉬 사람들은 신석기 시대의 농기구를 그대로 사용하고 있다. 교육의 필요성을 별로 느끼지 않아 자녀를 중학교까지만 다니게 하는 마을 주민들은 해가 지면 곧 잠들어버린다. 전기를 사용하지 않으니 밤에는 할 일이 없을 것이다.
> ― 「아미쉬, 혹은 불가지론자의 몽상」, 『시와 경계』 2009년 가을

식량과 의복, 주택을 자급자족하는 아미쉬 사람들은 스위스와 독일, 북유럽에서 북미로 이주한 후, 현대문명의 혜택을 스스로 거부하여 중세의 농경생활을 유지하고 있다. 이들은 유아세례를 포함한 기존 교회의 세례를 무효화할 것을 주장한 16세기 유럽의 진보적인 개신교 일파인 재세례파(anabaptist)의 평화주의 분파의 후손들이다. 생활양식을 보면 이들이 문명으로부터 '자유'롭기를 원하는 것임은 분명하다. 문명사회 안에서 살 때 어쩔 수 없이 받아들일 수밖에 없는 폭력, 범죄, 소외 등의 해악을 이들은 거부하는 것이리라. 나는 1980년대 중반에 미국 일리노이 주의 아미쉬 마을을 우연히 방문, 이들의 삶을 관찰하면서 곰곰 생각해 본 적이 있다. 참으로 순박한 이들의 삶은 일견 무척 자유롭고 평화로워 보인다. 그런데 이들의 〈자유〉에는 중대한 모순이 있는 것 아닐까?

우선, 이들이 선택한 삶의 방식 (농경) 자체가 문명의 산물이다. 가축을 기르고 농사를 짓는 방식 자체가 고대문명의 혜택인 것이다. 모든 문명을 진실로 거부한다면 농경이 아닌 수렵이나 채취로 삶을 영위해야 할 것이다. 몸이 아프면 병원에는 간다고 하니, 이들은 '어느 정도'의 문명을 수용한 셈이다. 또한 이 평화로운 마을이 존재할 수 있는 이유는 역설적으로 현대문명 때문이다. 이들은 문명사회로부터 결코 공격받지 않으리라는 믿음이 있기에 그런 생활양식을 유지할 수 있는 것이다. 만약, 이들이 노예제가 폐지된 현대의 미국사회가 아닌, 징기즈칸 제국의 근처에 살고 있다면 어찌 될 것인가? 필시 이들은 노예로 전락할 것이며, 그렇게 되면 모든 자유를 잃게 될 것이다. 그러니까, 아미쉬의 삶은 '남의 도움에 의존하는 자립'이라는 모순의 결과이며, 그런 의미에서 이들의 자유에는 어느 정도의 '위선'이 존재한다.

보수주의자들이 흔히 주장하는 '자유민주주의'라는 개념이 있다. 이들이 말하는 '자유'란 무엇을 의미하는 것일까? 물론 극히 일부를 제외한다면 (인간은 참으로 다양하여, 구속을 사랑하는 사람들이 있기는 한 모양이다. 감옥에 오래 갇혀 있다가 풀려난 사람이 즉시 다른 죄를 짓고 그곳으로 돌아가는 경우를 종종 본다), 자유를 싫어하는 사람은 없을 것이다. 그러니 굳이 어려운 용어를 사용하지 않고서도, 자유가 구속의 반대되는 개념인 것은 분명하다. 그런데 보수주의자들은 왜 '민주주의' 앞에 '자유'라는 말을 즐겨 붙일까? 민주주의만으로는 부족하다는 뜻일까? 아니면 자유를 방해하는 민주주의가 가능하다는 뜻일까?

무한정의 자유가 불가능하다는 점은 누구나 동의할 것이다. 사회에 해악이 되는 행동은 제약되어야 하며, 이를 위하여 모든 국가는 사회적 합의 하에 최소한의 자유를 제한하는 법률을 제정하고 준수하게 한다. 이는 초등학생도 잘 아는 사항이다. 하지만, 자유가 유일한 사회적 가치가 아니라는 점에서 문제가 발생한다. '평등'은 어떤가? 어떤 이들은 인간이 어떻게 모든 면에서 평등을 누릴 수 있겠는가, 반문하지만, 그러나 진보주의자들이 말하는 평등은 균등이 아니라 '기회의 평등'인 것이다. 이것이 불가능한 사회에서는 신분 상승이 거의 불가능하여, 부와 명예, 권력이 세습되게 마련이다(나와 같은, '개천에서 용이 나는 경우'가 원천적으로 불가능할 것이다). 약한 자들이 강한 자들에 의하여 터무니없는 사회경제적 폭력을 받는 체제는 '정의'로운가? '행복'과 '복지'는 또 어떠한가?

많은 보수주의자들은 '자유'를 다른 모든 사회적 가치에 우선한다고 생각하는 듯하다. 밀튼 프리드만은 『자본주의와 자유』에서 시장에 대한 정부의 개입을 거의 욕설에 가까운 말투로 저주한다. 프리드리히 하이에크는 『노예의 길』에서, 시장에 대한 정부의 케인주의적인 간섭이 전체주의로 가는 길을 연다고 생각했다. 1차 세계대전의 참상과 독일 나치즘을 목격한 그가 전체주의를 거부한 것은 당연했을지도 모른다. 그러니까, 경제의 관점에 있어서 대부분 시장만능주의자인 이들은 처음부터 '자유'를 지상 최고의 가치로 상정하고, 이를 저해하는 모든 다른 요소들, 특히 정부의 참견을 악으로 규정하는 것이다.

    자유를 제약하려는 모든 시도는 전체주의로 귀착된다는 극단적 이론을 펼친 철학자도 흔하다. 그 대표적인 인물이 하이에크였다. 하이에크는 전체주의를 두려워했다. 하이에크는 '겁에 질린 자유주의자' 하는 이름이 어울릴 것이다. […] 유럽 사회가 20세기 초반부터 문명의 기초가 되었던 기본적 사상에서 이탈하기 시작했다고 보았다. 경제문제에서 자유를 포기했다는 것이다.

― 유시민, 『국가란 무엇인가』(2011) 부분

  그런데, 나와 같은 정치철학이나 경제철학의 문외한도 이러한 생각에 큰 문제가 있음을 지적할 수 있다. 모든 사람에게 균등한 기회를 보장하지 않는 경제체제에서 이러한 주장이 무슨 설득력이 있겠는가? 경제체제 내에서 어떠한 종류의 '계급'(예를 들면 노동자 계급)이 존재한다면, 그것이 세습되기 때문이다. 점점 사회 계층의 이동이 불가능해지는 사회에서 무산층이 과연 '자유'로울 수 있겠는가? 비정규직 노동자들에게 직업 선택의 자유가 있다고 말할 수 있겠는가? 또한 그들의 자녀가 성장한 후에 가난에서 벗어날 확률은 얼마나 되겠는가? 인간이 '인간답게' 살 소득과 부가 확보되지 않는다면, 인간은 절대로 자유로울 수 없다. 만약 최소한의 생활을 영위할 수 있는 조건이 제시된다면, 인간은 기꺼이 자신의 자유를 포기할 수도 있을 것이다.

    어둠 깔린 가리봉 오거리
    버스정류장 앞 꽉 막힌 도로에

12인승 봉고차 한 대가 와 선다
날일 마친 용역 잡부들이 빼곡히 앉아
닭장차 안 죄수들처럼
무표정하게 창밖을 보고 있다

셋 앉는 좌석에 다섯씩 앉고
엔진룸 위에 한 줄이 더 앉았다
육십이 훨 넘은 노인네부터
서른 초반의 사내
이국의 푸른 눈동자까지
한결같이 머리칼이 누렇게 세었다

어떤 빼어난 은유와 상징으로도
그들을 그릴 수가 없다
그들은 아무 말도 하지 않았다
— 송경동, 「그들은 아무 말도 하지 않았다」(『꿀잠』, 2006) 전문

그렇다면 문제는 사회가 모든 구성원에게 최소한의 생활수단을 제공할 수 있을지 여부일 것이다. 위에 열거한 보수주의자들의 생각은, 시장의 절대적인 자율성에 의하여 이것이 가능하다는 것이고, 따라서 이에 기반한 개인들의 자유 또한 가능하다는 것이다. 그러니, 이를 방해하는 모든 요소(정부의 규제, 복지정책, 실업수당 등)가 악으로 작용할 뿐이라는 것이다. 그러나 이들의 주장대로 과연 시장이 만능일까? 경제와 정치가 과연 독립적으로 움직이는 것일까? 시장이 진공 상태에서 작동하지는 않을 것이다. 사회적 기구인 시장 또한 결국 사회적 제도 안에서 움직이는 것

이라면, 경제적으로 힘센 자들은 모든 사회제도와 정책을 자신들에게 유리하게 만들려 하지 않을까? 민주주의가 과연 '1인=1표'의 제도일까? 혹시 '1$=1표' 아닐까? 힘센 자들이 자기들의 이익을 위하여 경제를 왜곡시키는 현상이 시장에 의하여 교정될 수 있을까? 정치권력은 유한하지만(이 나라에서는 대략 10년 정도인 것 같다), '돈의 힘'은 거의 영구적인 것이 아닐까?

또 다른 보수경제학자인 게리 베커의 '인종차별에 대한 경제분석'을 살펴보면 이들의 논리가 '공리공론'에 가깝다는 사실을 알 수 있다. 이 사람에 의하면 만약 흑인의 임금이 백인보다 낮다면 기업은 흑인을 우선적으로 고용하게 되니, 백인의 임금은 상대적으로 낮아져 결국 흑인과 백인이 경제적으로 동등해지기 때문에 '인종차별은 전혀 불가능하다'는 것이다(이 부분은 진보적 언론인인 이완배 기자의 기사를 차용한다). 그런데 인간행동이 오직 경제적 유인으로만 결정되는가? 만약 백인 업주가 비용적인 면에서 불리함을 감수하면서까지, 예를 들면, 문화적 배경이 다른 '불편'한 흑인을 고용하기가 부담스럽다는 이유로 백인을 배타적으로 고용한다면 어쩌겠는가? 아니면, 아예 '흑인은 무조건적으로 싫다'는 이유라면? 실상, 백인 업주는 흑인을 고용하지 않기 위한 무수한 '정치·문화 논리'를 제시할 수 있을 것이다(굳이 먼 나라들의 예를 들 필요가 없을 듯하다. 이 나라에는 저렴한 값으로 사용되는 동남아시아 인들이 부당한 폭력을 당하는 경우가 얼마나 많은가?).

'미시변수를 조정하면 경기를 얼마든지 조절할 수 있고, 이에 의하여 실업은 존재할 수 없다'라는 시카고 경제학파의 주장은 이미 2008년의 금융위기 사태로 산산이 조각난 것으로 보인다. 그 사태의 와중에서 월가의 자본가들은 일말의 자책감도 없이 막대한 금액의 세금을 수혈받아서 회생하지 않았는가? 요약하자면, 보수주의자들이 말하는 '자유'란 실상

'가진 자들의 자유'일 뿐이다. 즉, 힘센 자들이 사회의 상부구조를 멋대로 '요리'할 자유인 것이다. 그러하니 그들은 가진 자들(의 편)이며, 이들이 만인의 자유를 논하는 것은 결국 가지지 못한 자들에게 헛된 희망(자유의 허상)을 제시하여 그들을 지배하려는 속임수에 불과할 따름이다.

나와 같은 범부에게는 이 문제를 해결할 힘이 전혀 없으니, 나는 기껏 자신의 개인적인 자유에 대해서만 생각할 자유가 있겠다. 좋은 책과, 좋은 음악, 좋은 영화와 좋은 여행을 즐길 자유. 그리고 좋은 생각이 떠오르면 (발표할 지면에 연연하지 않고) 노트에 끄적일 자유 – 물론 이러한 개인적 자유에도 일정 수준의 소득과 부가 필요하다. 하지만 자유롭기 위해서는 물질적 조건 외에, 욕망을 최소한으로 축소하려는 노력이 필요한 듯하다. 욕망이야말로 자유를 구속하는 가장 큰 걸림돌이 될 수 있기 때문이다. '당신은 권력욕이 없는가?', 30년의 직장생활에서 그 흔한 학·처장 감투를 단 한 번도 탐하지 않은 나에게 누군가 물었었다. 권력에 대한 욕망은 인간의 본능이니, 권력욕이 없는 사람이 어디 있겠는가? 다만, 세상에 공짜는 없는 법이어서, 보직을 맡을 경우에 발생할, 온갖 종류의 인간들을 상대해야 하는 고통이 끔찍한 대가들 중 하나이니 눈물을 머금고 포기했을 뿐. '타인은 지옥'이라 푸념하는 사르트르를 너무나 잘 이해했을 뿐. 그리고 내가 좋아하는 공부를 축내기 싫으니 결사적으로 그쪽을 외면했을 뿐.

그렇다면 요즘 내가 바라는 자유는 무엇일까? 바닷가에 면한 집을 '검은 섬(Isla Negra)'이라 이름 짓고, 파도소리와 양귀비꽃과 난파된 뱃머리를 친구 삼아, 화양연화의 시간들을 회상하며 고독한 마지막 시간을 보내는 시인의 생이 나의 영원한 로망이다. 결국 누구도 세상을 바꾸지는 못한 채로 죽어갈 것이다. 어느 평론가가 위대한 시인의 마지막 순간을 기록했다: "눈을 크게 뜬 수염투성이의 네루다는 이 모든 죽음들을 보고 싶은 듯, 몸을 반쯤 일으킨 자세로, 드디어 진실을 대면하고 있음을 갑자기 깨달았다"(윌리엄 오데일리, 파블로 네루다 『겨울정원』 서문). 이 위대한 시인은 그 순간 이 모든 질곡들로부터 가장 자유로웠는지 모르겠다.

축축하고 어둑한 수난곡을 들으며 잠들고 싶지만
조용한 어촌의 여인숙에서는 음악을 불러올 수가 없다
컴컴한 복도의 서가에 꽂힌 몇 편의 에로영화와
낡은 비디오 기계의 입속에 털어 넣을 먼지투성이 명화뿐
〈리어왕〉을 각색한 옛 영화에서 영주는 허공을 향하여
세계의 잔혹함과 허무함을 울부짖는다

[…]

요릭, 다정한 표정들의 이면에 숨은 음험한 저의를 꿰뚫어 보았느냐?
세도가들이 하사하는 빵부스러기에 무릎을 꿇었느냐?

파도가 밀려드는 고풍한 벽에 비스듬히 기대어
좌절한 시인이 최후적으로 시의 여신을 만나려 하는 순간
바닷물을 담수로 만드는 플랑크톤과
지구에서 수만 광년 떨어진 블랙홀의 다정에 골몰할 때에
인간의 목소리를 모두 배타해야 함은 당연한 것

요릭, 누군가 한밤의 광장에서 Gullible! Gullible!
너에게 외치는 소리를 들었느냐?

〈

심해를 밝히는 전기뱀장어의 고뇌와
온몸을 비틀며 공중에서 몇 초 동안
숨을 내뱉는 물고기들의 자유를 보느냐?

이제 그들과의 신용거래를 모두 종결하며
성탄전야의 들뜸과 새벽기차의 설렘을 소거한 채로
희미한 떠돌이별의 눈동자를 감싼 한 모금의 수증기가 되어
옛 작가의 참으로 가슴 아픈 문장**을 중얼거리며
죽음보다 더 흰 잠 속으로 사라져 갈 뿐

* 〈햄릿〉에 등장하는 두개골의 이름

** 나쓰메 소세키, 『그 후』 - 〈어차피 하나의 인간으로서 살아남기 위해서는 다른 사람들로부터 미움을 받게 될 운명에 봉착할 것이 틀림없다. 그때 그는 조용히 남의 눈에 띄지 않는 차림을 하고 거지처럼 뭔가를 찾으면서 사람들로 붐비는 거리를 서성일 것이다.〉

— 「낙원에서의 첫 에피소드」 부분

프라하의 종소리와 중세의 가을

　삶이 곤고하고 절망적일수록 우리는 과거의 행복했던 시절을 회상하며 잠시라도 고통을 잊으려 하는 듯하다. 그것은 의식적으로 불행을 회피하려는 본능에 닿아 있기도 하지만, 행복한 시간이 다시 오기를 기대하는 희망과도 무관하지 않을 것이다. 돌아보면 인생은 수많은 좌절과 상처, 그에 따른 어떤 결기와 독기들의 점집합이었던 듯하다. 그 사이사이에 포도 씨앗처럼 박힌 행복했던 순간들.

　내가 유럽의 중세에 관심을 가지게 된 동기는 고통스런 시대와 삶에서 잠시 도피하려는 의도와 그리 멀지 않지만, 또한 그 시대의 사회와 종교의 관련성 때문이기도 하다. 한 가지의 종교가 오랫동안 지구 표면의 상당 부분을 지배했던 희귀한 시간(사실 이슬람 국가들은 아직도 그러하다). 중세를 살았던 이들은 지금 남아 있지 않으니, 그 시대를 간접적으로라도 의식

속에서 재현하는 사람들은 아마도 역사가들이나 일부 종교인쯤 되겠다. 21세기와 비교하여 유럽의 중세는 더 행복했을까? 중세인들의 희망은 무엇이었으며, 신과 신화가 거의 사라진 2020년에 남아 있는 희망은 무엇인가?

중세의 삶이 물질적인 면에서 현대사회의 삶보다 훨씬 피폐했던 것은 말할 필요가 없을 것이다. 중세 유럽의 농부들은 어떻게 생활했는가? 여러 자료에 의하면 그들은 현대적 기준으로 보자면 아주 비참한 상태의 생활을 영위했다. 중세 농부들의 작업은 가혹하여, 새벽부터 저녁까지 계속되었다. 그들의 오두막집에는 창문이 없었고 지붕을 짚으로 이었다. 집 안의 1/3 정도는 가족과 함께 사는 가축들의 몫이었고, 방 한가운데에서 불을 피우므로 집 안은 늘 메케한 연기로 가득하였다. 가구는 몇 개의 등받이 없는 의자와 침대용 트렁크와 요리기구 정도. 음식은 대부분 채소였고, 그 밖의 견과, 딸기류 등. 가장 어려운 시기는 저장된 음식이 소진되는 늦은 봄이었던바, 수확이 좋지 않으면 마을 전체가 아사하는 경우가 많았다(이는 동시대의 조선과 비슷한 상황인 듯하다).

최근 세계를 휩쓸고 있는 코로나-19가 참으로 비극적이기는 하지만, 이는 14세기 유럽에 창궐하여 평민과 귀족, 왕족을 불문하여 유럽 인구의 1/3 이상을 폐사시킨 페스트에 비하면 거의 애교의 수준이다. 이 참혹한 생을 중세인들은 천국에 대한 소망으로 인내했던바 "영혼과 내세의 삶이 지금 이곳의 삶, 지상에서의 물질적 삶보다 우월하다고 가르치는 교회의 가르침을 충실히 따랐다"(바바라 W. 터크만, 『A Distant Mirror: The Calamitous 14th Century』, 1978), 그리하여 중세인들은 생시에 지은 죄들을 죽기 직전에 일괄적으로 고백하며 천국에 올라가서 영원한, 행복한 삶을 살게 되기를 염원했던 것이다. 그런데, 원칙적으로 모두 카톨릭 교인이었던 그들은 도덕적으로 현대인보다 우월했던가? 인구 1만 명당 살인이라든가 간통의 비율과 같은 통계치를 나는 알지 못하지만, 성경에서 십계

명으로 금하는 살인, 간음, 도둑질 등의 범죄는 그 시대에도 빈번했다. 성경은 분명히 음란의 죄를 명시했지만, 성직자들을 포함한 귀족들은 밤낮으로 음행에 빠져 있었다. 마틴 루터에 의하여 촉발된 종교개혁은 물론 카톨릭의 부패와 타락, 폭정을 겨냥한 것이었다.

> 초대객들이 교황청에 접근하자 이들은 나신의 살아 있는 남녀의 입상(立像)들에 흥분되었다. […] 음식 접시들이 치워지자, 가장 아름다운 50명의 매춘부들이 초대객들과 함께, 처음에는 옷을 입은 채로, 그다음에는 나신으로 춤을 추었다. 무도가 끝나자 "발레"가 시작되었고, 교황과 그의 두 자녀들은 가장 좋은 자리에서 이를 지켜보았다. […] 1502년 프랑스 의회의 추정에 의하면 카톨릭은 프랑스 돈의 75%를, 독일 부의 50%를 소유했다.
> – 윌리엄 맨체스터, 『A World Lit Only by Fire』(1992)

그렇다면, 종교개혁의 결과로 등장한 프로테스탄트들은 어떠했던가?

> 프로테스탄트의 로마로 불리던 도시국가 제네바는 궁극적인 폭압을 보이는, 사실상의 경찰국가였다. […] 부모를 때린 아이는 즉시 참수되었고, 임신한 독신 여성은 익사시켰다. 간음을 저지른 쟝 칼뱅(존 칼빈)의 양자와 며느리는 그 상대들과 함께 처형되었다.
> – 윌리엄 맨체스터, 『A World Lit Only by Fire』(1992)

이는 카톨릭이든 프로테스탄트이든 종교적 도그마가 사회를 지배할 때에 발생하는 비극을 생생하게 보여 주는 예이며, 유럽의 근대국가들에서 종교와 정치가 분리된 직접적인 원인이었다. 이러한 종교적 맹종은 또한 일부분 현재 우리의 눈앞에서도 펼쳐지는 장면들이다. 르네상스의 씨앗이 되었던,

그리스의 인본주의를 부활시키려 했던 에라스무스를 비롯한 대부분의 휴머니스트들은 이 와중에서 끔찍한 곤경을 치렀고, 상당수는 화형당했다. 당시의 생은 몹시 어두웠고, 불행과 비극은 분명 지금보다 더 깊었던 것이다.

> 그 작은 개울은 올리브 나무 그늘에 가려 누구도
> 철로에 평행하게 흐르는 물빛을 볼 수가 없었고
> 작은 물고기들만 이따금 등을 보일 뿐
> 누군가 열차에서 던진 녹슨 열쇠와
> 눈알이 빠진 인형이 나뭇가지 위에 떠 있다가
> 몇 년의 햇빛과 함께 물 밑에서 안식하였다
> 오래전 종교전쟁을 피해 수도원을 벗어난 수사가
> 물살을 뒤덮은 이끼 위에서 며칠간 목을 축이다가
> 푸르른 성좌의 행로를 가늠하는 깊은 사색에
> 마지막 숨을 몰아쉬며 잔가지를 모아 유서를 만든 후
> 그날 오후에 한바탕 웃으며 영면하였다
> 다시 많은 시간이 흘러 집을 잃은 소녀가 그곳에 닿아
> 〈PAIX〉라는 전언을 보며 같은 운명을 받아들여 누운 뒤에
> 그곳에는 먹이사슬을 끊어 눈과 입이 없는
> 누군가의 얼굴을 날개에 새긴 나방이 무수히 태어났다
> 멀고 험한 생멸의 소실점을 향한 마른 길 위에서
> 　　　　　　　　　　－「한없이 멀고 고적한 – 유령 11」 전문

하지만, 이생에서의 고통과 불행을 견뎌낼 수 있는, 중세인들의 내세에 대한 열망은 -비록 현대인들은 그것을 하나의 착각 또는 환상이라고 부를 수 있겠지만- 신과 전통으로부터 내쳐진 시대의 눈으로 보자면 어쩌면

'한때 행복했던, 인간의 그리운 옛 시절'이라 할 수 있을지도 모르겠다. 현대인의 이 절망적인 상황을 헤르만 헤세는 이미 1943년에 예견했다.

> 그들은 죽음, 공포, 고통과 굶주림으로부터 자신들을 방어할 수 없었고, 더 이상 교회의 위안을 받아들일 수 없었으며, 이성으로부터 어떠한 조언도 얻을 수 없었다.
> —헤르만 헤세, 『유리알 유희』 부분

그렇다면 이제 희망은 진정 불가능한가? 한 가지 확실한 것, 우리가 기댈 유일한 믿음은, 희망이 없는 삶을 살 수는 없다는 것이다. 비참한 현세의 삶에서 중세인들이 찾은 희망은 결국 '다음 생'이었으니, 나는 이런 (어쩌면 허무맹랑한) 생각을 네덜란드의 역사학자 하위징아가 중세의 풍경들 중에서 으뜸으로 묘사한 종소리 속에서 떠올린다.

> 그러나 언제나 바쁜 생활 위로 솟아오르는, 어떠한 방울의 딸랑거림 속에서도 다른 소음들과 결코 혼동되지 않는, 그리하여 모든 것들을 잠시 질서 속으로 올려 넣는 소리가 있었으니, 그것은 종소리였다.
> —요한 하위징아, 『중세의 가을(The Autumn of the Middle Ages)』(1996) 부분

이 중세의 종소리가 첫 번째로 나의 삶으로 깊이 들어 온 장소는 독일 라인강변의 작은 마을인 뤼데스하임이었다. 그때 나는 나룻배로 강을 건너 작은 성 아래의 벤치에 누워서 졸며 어두운 생을 반추하고 있었는데, 갑자기 성당의 종소리가 나를 퍼뜩 깨운 것이다. 아마 그 순간 나는 시인이 되었을지 모르겠다. 두 번째는 연구교수로 2년간 체류하던 미국 캘리포니아 주의 UCLA 대학에서였다. 많은 미국 대학에서처럼 그 캠퍼스에서

도 매 시각을 종소리로 알려주었는데, 어느 순간 그 종소리가 나를 아득한 중세로 귀환시킨 것이다(나는 우리의 대학들도 시보 또는 강의의 시종을 종소리로 알려주면 학생들과 교수들이 세상에 대한 좀 더 심오한 눈을 갖게 되지 않을까, 몽상해 보곤 한다).

전나무 그늘에 가려진 그 청동의 문은
대리석 건물 한 귀퉁이에 서 있네
녹회색 반달 손잡이를 목처럼 드리우고
어스름한 어깨를 숙인 채로

낯선 대지의 기척에 귀 기울이는
그 안쪽은 갈 수 없는 나라
영원의 입구에 이르는 미로에
오르간 소리는 무덤처럼 잠들어 있지

잎사귀들이 부산하게 속삭이는 길 위에
가벼운 표정으로 그림자들은 오가며
정오의 종소리만이 생각에 잠겨
시간은 어두운 방에서 치마를 끌며 거니네

어둠은 두려운 것, 그것은
세상의 첫 스케치이니
다만, 연극이 시작할 무렵 설레이며
자주색 커튼이 올라감을 예비할 뿐

소리와 빛과 꽃가루가 알몸으로

자박자박 걸어 들어가
보이지 않는 책장에 쌓여 가지만
누구도 그 분류법을 알 수는 없네

그러나 문밖에서 서성이며 행복하지
시간의 검은 갈퀴가 언제 목덜미를
채어갈지 모르는 이 운명도 기쁘네
문은 반만 닫혀있으니

- 「반쯤 열린 문에 대하여」 전문

 기독교 신의 위력은 현대사회에서 상당 부분 사라졌다. 자연법칙으로 세계를 설명하는 자연과학에 의하여 신화적 세계관 또한 대부분 광채를 잃었다. 그러나 세계가 합리적으로 이해될수록 생의 의미는 오리무중으로 떨어졌으며, 이것을 견디지 못하는 이들은 종교의 오랜 품을 떠나지 않고 있다. 그들은 합리적 세계관을 거부하며 신비주의에 더욱 깊이 탐닉하는 듯하다. 내세로 향하는 열망이 재가 되어 지상을 떠나기에는 세상은 아직도 너무 참혹한 것이며, 물질문명이 진보할수록 우리는 정신적으로 빈곤하며 허전하다. 오직 물질적 욕망이 지배하는 세상을 우리는 견딜 수 있을까?

 천국에 대한 신의 약속을 우리는 확인할 수 없으므로, 그것을 받아들이든지, 아니면 부정하는 두 가지의 길 이외의 다른 가능성은 없겠다. 그 약속의 진실성 여부와 관계없이, 내세에 대한 열망이 어쩌면 우리들의 삶에 한 줄기의 희망을 줄 수는 있겠다는 생각을 해 본다. 그것은 어쩌면 이 잔혹한 세상에서 살아남게 만드는 유일한 환상일 수도 있겠다.

칼을 눕히며
검지에 새긴 문신을 읽어내고 있다

슬픔은 신에게만 국한된 감정이면 좋을 뻔했다
머리카락을 끊어내는 중이다
헌금함에 머리카락을 넣고 천막을 뜯었다
주일이면 종탑에 갇힌 달처럼
겹지를 접었다 폈다 하며 종소리를 셌다
휘발되는 것들은 내 위로
그림자를 버렸다
예배당을 나서는 내게로 뛰어내렸다
나는 왼쪽으로 기울고 있었다
새벽이면 십자가를 끄는 교회를 보며
칼을 눕혔다
나는 호기심을 참으며 구원을 받느라
여전히 누가 눈을 뜨고 기도하는지 알 수 없다
신은
나를
동산 위를 걸어가는
붉은 포자라고 했다

— 성동혁, 「홍조」 전문

중세의 종소리에 대한 나의 세 번째 명징한 경험의 현장은 늦가을의 체코였다. 1992년에 나는 관련 학회에 참가하려 체코를 방문하였는데, 학회 장소가 오스트리아 국경 근처의 시골 마을 노베 흐라디의 〈신의 자비 수도원(Monastery of The Divine Mercy)〉이었다. 프라하 카렐대학 소속의 연구소가 그 작은 마을에 있었고, 참가자들의 숙소는 중세의 분위기를 그대로 간직한 수도원이었다. 나는 수도원의 3층 숙소에서 마을을 내다보며 깊은 명상에 잠기곤 했다. 체코의 작은 마을과 프라하의 거리에 맑게 울리던 종소리가 내 삶의 속살을 들추어냈다.

오래전에 봄이 휩쓸고 간 도시를 가을 아침에 떠난다, 주황색 지붕들을 가로지르며. 우울한 사람들은 쐐기를 뒤집어쓴 검은 문자로 얘기하고 교회 첨탑 그림자는 이끼로 덮여있다. 맹인 부부가 노래를 부르는 다리 밑으로 온통 강물을 흩으러 놓는 종소리 건너편, 太陽酒樓에서 두 개의 福자가 웃고 있다. 붉은 별이 빛나는 모자 속에 날카로운 눈초리를 숨긴 皇軍 히로 오노다가 서점 비상구를 노려본다. 유대인 구역 표지판 기둥에 검은 개가 재갈 물려 묶인 시각, 성벽을 따라 벽돌길을 걸어 올라온 노인이 숨을 고른다. 막 태어난 빛 한 줄기가 담쟁이 성벽에 홀로 서 있다, 까마귀처럼. 오전 9:17 중앙역 발 열차는 떠나자 곧 터널 속으로 들어갔다.
― 「프라하」 전문

중세의 세상은 미신과 탐욕과 끔찍한 폭압으로 가득했다. 그러나 나는 그럼에도 불구하고 평화와 사랑과, 삶에 대한 깊은 성찰 끝에 도착한 이생의 절망을 견디려는 (비록 그것이 환상일지라도) 내세에 대한 소망이 중세의 종소리에 깃들어 있었다고 생각한다. 나를 잔잔히 흔들던 종소리들은 이 끔찍한 세상에서도 한 줌의 희망이 존재할 수 있다고 말하는 듯했다.

삶은 신비하며 세계는 설명할 수 없는 현상들로 가득하다. 이것을 받아들이지 않는다면 생은 벽에 걸린 마른 꽃과 같을 것이다. 피렌체의 오랜 골목을 배회하며 단테와 베아트리체의 아름다운 이야기를 기억해내는 감동과, 옥스퍼드 교정을 거닐며 이단자 존 위클리프와 '오컴의 윌리엄(William of Ockham)'의 자취를 더듬어보는 기쁨. 이것이 첨단문명의 세계에서도 유럽의 중세가 나의 마음속에 남아 있는 이유일 것이다.

뻬흐 라쉐즈, 혁명과 망각의 도시

빠리는 흔히 예술의 도시로 알려져 있다. 오랫동안 이 도시가 유럽 문화의 중심이었으니 그 별칭은 물론 타당하다. 내가 이곳을 처음 방문한 해가 2002년이었으니, 무려 18년 전이다. 그 후 5번인가 방문하며 곳곳을 쏘다녔으니 이 대도시를 꽤 잘 알고 있다고도 말할 수 있겠으나, 아마도 그건 허세일 수도 있겠다. 어떤 장소를 안다는 것은 무슨 뜻인가? 길을 스쳐 가는 수많은 사람들과 이야기, 바람과 그림자들은 한나절 동안에도 무수히 변화한다.

이번 여행의 한 가지 주제는 빈센트 반 고흐이다. 이 치열한 화가에 대한 이야기는 물론 무수히 많고 잘 알려져 있지만, 나는 그를 직접 알고 싶어서 프랑스 남부 프로방스의 몇 도시를 거쳐 빠리로 돌아왔다. 이 도시에 남은 고흐의 흔적은 박물관들에 걸려 있는 그의 작품들과, 몽마르뜨에 보존된 아파트(동생인 테오의 집)이다. 기차로 한 시간 거리의 북쪽 작은 마을에는 고흐가 이생에서 마지막으로 묵은 여인숙의 방과 고흐 형제의 묘지가 있다.

몽마르뜨 언덕은 가난한 예술가들이 활동했던 무대로 잘 알려져 있다. 그것은 언제부터였을까. 아마도 프랑스 대혁명 이후였을 것이다. 그동안의 빠리 방문에서 미처 알지 못했던 자료들을 검색하다가, 어디에선가 들은 듯한 역사적 사실인 '빠리 꼬뮨'을 우연히 마주하였다. 나는 때때로 1789년의 혁명 이후의 프랑스 역사에 관심을 가졌었는데, 이는 이 역사적 시기가 근대 유럽사의 핵심적인 부분이기 때문이다. 왕정과 공화정, 제정이 명멸했던 이 시기에 프랑스인들은 평화와 혁명, 구악과 진보 사이에서 갈팡질팡했고, 그 문화적 유산은 고스란히 인류의 일부로 남았다. 흔히 피 흘리지 않은 진보는 없다고 하는, 바로 그 교훈이 18세기 말 이후의 프랑스 역사에는 잘 적용된다.

1789년의 혁명에서 바스티유 감옥 점령이 결정적인 도화선이었음은 잘 알려져 있다. 바스티유 감옥은 지금은 흔적도 없고, 그 자리는 광장이 되었다. 자료를 보니 감옥의 일부가 빠리 몇 군데에 보존되어 있다는 사실을 알게 되었다. 감옥을 구성했던 벽돌들의 상당 부분은 빠리 운하의 일부인 선착장 건설에 사용되었다. 메트로 바스티유 역의 플랫폼에도 벽의 일부가 전시되어 있다, 예전 감옥의 경계를 나타내는 굵은 선과 함께. 몽마르뜨 언덕이 좀 더 적극적으로 혁명의 무대로 등장한 것은 그보다 약 80년 후인 1871년 빠리 꼬뮨 시절이다. 프랑스 제5차 혁명이라고도 불리는 이 사건의 배경에는 프랑스와 프러시아 사이의 보불전쟁이 있다. 전쟁에서 패배한 무능한 정부에 대하여 분노한 민중들이 처음으로 사회주의 자치정부를 세우며 무장하여 정부군과 격전을 벌인 것이다. 2개월 10일의 단기간에 불과하였지만 파리 꼬뮨은 세계사에서 처음으로 사회주의 정책들을 실행에 옮겼으며, 사회주의 운동에 큰 영향을 주었다고 평가된다. 그러하니, 예술가들의 천국인 몽마르뜨는 또한 혁명의 무대였던 셈이다. 이 아름다운 언덕에서 꼬뮨 전사들과 정부군 사이에 치열한 전투가 벌어졌다니 좀처럼 믿어지지가 않았다. 그러나 혁명은 벌써 거의 150년 전의 일이니, 그 흔적들은 그저 몽마르뜨의 거리 명칭에 빠리 꼬뮨 당시에 활약했던 인물들의 이름들로만 남아 있다.

빠리 꼬뮨의 기록을 훑다가 우연히 〈뻬흐 라쉐즈(Père Lachaise)〉 묘지라는 지명에 닿았다. 그전의 여행에서 몽빠르나스 묘지와 몽마르뜨 묘지를 찾았던 나에게 그 지명은 생소했다(사실은 아주 오래전에 홍세화의 『나는 빠리의 택시운전사』에서 읽은 것으로 확인되었다. 하지만 당시에는 나의 주목을 받지 못한 채로 잊혔을 것이다). 알고 보니, 시내의 동쪽에 위치한 뻬흐 라쉐즈 묘지는 빠리 최대의 공동묘지였다. 역사책에서나 볼 수 있는 수많은 인물들이 그곳에 묻혀 있다. 그 장소가 나에게 강한 호기심을 일으켰던 이유는, 꼬뮨 전사들이 정부군에 밀려서 최후의 항전을 한 곳이라는 기록 때문이었다. 그리고 그곳에는 꼬뮨 최후의 전사들이 집단으로 처형된 벽이 남아 있고, 이를 추모하는 기념판이 있다는 것이었다.

지도에 따르면 비탈길을 한참 올라가서 묘지의 동북쪽 경계에 위치한 것으로 되어 있는데, 근처에서 나는 한참을 찾아 헤맸다. 산책하는 빠리 시민들에게 물어도 모른다는 대답뿐. 전사들의 기념판은 아주 후미진 곳의 벽에 붙어 있었다. 그곳에서 그들이 흘린 피는 이미 오래전에 대지에 흡수되어 흙으로 화했을 것이다. 147명의 꼬뮨 투사들이 총살당했다는 짧은 기록을 물끄러미 보며 나는 계단에 앉아 점심으로 가져온 빵을 우물우물 씹었다. 무덤 앞에서 문득 부끄러운 시인처럼, 열정과 혁명과 망각에 대하여 깊이 생각하면서.

진눈깨비 하얗게 몰려가 얼어 있구나.

잔뜩 흐려진 마음으로 내려놓은 마음 몇 송이.

덜 마른 물감처럼 젖어있는 하늘.

아무래도 나는 저 무덤 앞에

더러운 지폐로 사 들고 온 꽃을 올려놓고 내려온 것 같다.

올려놓았지만 바람이 모로 쓰러뜨린 꽃.

하늘에 성냥불 한번 댕기지 못하고 공회전하다 멈춘

연소불량의 하루 혹은 젊음

빨리 타기를 기다리며

아니 빨리 타주기를 기다리다가

내 젊음은 무참하게 장미꽃들을 꺾으며 휘날려버렸다.

침엽수림 안쪽에서 나무들의 파안대소

저 하늘의 박장대소.

누군가 또 꽃 조용히 내려놓고 내려간 무덤에

방금 따온 듯한 눈물

새로 피어있다. 내 두 손이 너무 더러워져 보인다.

    - 조정권, 「새 꽃이 피어 있다」(『떠도는 몸들』, 창비, 2005) 전문

1789년의 대혁명 와중에 루이 16세 부부를 포함한 구체제의 많은 인사들이 처형되었는데, 그중에서 나의 주목을 끈 인물은 앙투안 라부아지에이다. 이 사람은 '화학의 아버지'라 불릴 정도로 뛰어난 화학자였는데, 도대체 왜 혁명의 와중에 처형되었을까? 자료를 찾아보니, 라부아지에는 일종의 아마추어 화학자였고, 원래 직업은 국세청 관리였다. 취미로 시작한 연구에서 그렇게 눈부신 성과를 남긴 것도 신기한 일이지만, 세금징수원이 자연과학에 관심을 가졌다는 사실 자체가 좀처럼 이해불가 아닌가?

물론, 근대의 과학자들 중에는 라부아지에처럼 자신의 재산과 소득을 써 가면서 과학연구를 '취미활동'으로 수행했던 사람이 많았던바, '페르마의 마지막 정리'를 백과사전의 귀퉁이에 써넣고는 '여백이 모자라서 증명은 생략함'이라는 코믹한 노트를 남긴 아마추어 수학자 페르마도 그중의 하나이겠다. 하지만 세금징수원(세리)은 고대 국가에서나 근대사회에서나 시민들의 가장 큰 증오를 받는 관리였나 보다. 아마도 그래서 '구악'의 대표로서 처형되지 않았나, 생각해 본다. 실제로 라부아지에가 어떤 구체적인 악행을 저질렀다는 기록은 없는 듯했고, 혁명 당시에도 라부아지에의 처형은 사후에 많은 논란을 낳았다니. 이런저런 생각에 잠겨 묘지 사이를 지나던 나에게, 1789년의 대혁명과 1871년의 빠리 꼬뮨 사이에서 방황하는 라부아지에의 모습이 갑자기 떠올랐다. 그는 묘지 한 귀퉁이의 가판대에서 스킨로션과 멜라토닌과 가글액을 팔고 있었다.

그는 인간에 무관심했다. 어쩌다 보니 세리가 되어 있었지만, 가능했다면 직업적인 탐구자가 되었을 것. 생각은 언제나 무욕, 무심, 무정한 물질에 있었으니, 인간들의 구차한 욕망에 지칠 때에는 물질세계의 질서에 몰두, 생명의 근원인 – 식물과 동물의 연결고리인 산소의 작용을 해명하기에 이르렀다.

그에게 인간사는 철저한 외전이었다. 그런데 어찌하여 18세기 말 대혁명의 와중에 처형되었는지 그는 이유를 모른다. 시간의 광기, 행성들 간의 인력이 암묵적인 작용을 했을 것으로 가늠할 뿐. 처절한 정치사로부터 영원히 사라지고 싶었고, 위대한 연금술사로만 기억되고 싶었다.

1871년의 짧았던 후대의 투쟁 이후 그는 최후까지 저항한 꼬뮨 전사들이

스러진 뻬흐 라쉐스 묘지의 벽 주변을 맴도는 유령이 되었다. 비 오는 밤이면 그의 발소리가 숲속에서 뚜벅거려, 그런 시간에는 불빛들도 나무 사이로 숨어들었다. 그는 왜 자신의 생을 앗아간 진영의 그림자가 되었던가?

그가 죽기 직전에 얻은, 물과 흙의 화합물 - 피와 땀과 눈물에 근거한 인간의 가련한 삶과 고통에 대한 모종의 깨달음이 그쪽으로 인도했던가? 세상을 바꾸려는 불가능한 이상에 매혹되어 죽음으로 자존을 지킨 그들의 격정에 사후 공감했던가?

더 이상 물질에 의존하지 않는 가벼운 수증기로 떠도는 그의 오랜 고뇌는 - 빈자와 가진 자가 어떻게 손을 맞잡을 수 있을지? 많은 책을 섭렵하였으나 해답을 얻지 못했다. 다만 제도가 아니라 인간 내부에 도사리고 있음을 직감할 뿐.

무거운 외투를 끌며 그는 모든 피톨들이 증발해버린 묘지의 외벽을 헤맨다. 누구도 묻지 않는 질문 하나를 심장에 간직한 채로. 가끔 고독한 행상의 모습을 입어, 마른 피부와 불면과 치통을 예방하기 위한 물약 따위를 좌판에 펼쳐놓고는.

- 「유령 10 - 스킨로션 멜라토닌 가글액」 전문

어떤 이념에 근거하든, 혁명적 사건은 구악에 대한 반발로 시작된다. 그리고 그 전개 과정에는 많은 희생이 발생하며, 때로는 피의 악순환이 벌어진다. 인간의 욕망에 뿌리박은 기존의 사회경제 체제는 강고하다. 그리고 개혁에 대한 기득권자들의 저항 또한 상상할 수 없을 정도로 무시무시하다. 혁명은 대부분 실패하지만, 더러는 성공한다. 1871년의 빠리 꼬문과 1848년의 혁명, 60년대의 히피혁명과 그리고 최근의 '월가를 점령하자'는 운동은 실패했다. 하지만 2016년에 발생한 동방의 고요한 나라의 촛불혁명은 성공하여 세계사의 새로운 장을 열었다. 실패한 혁명이 완전히 사라지는 것은 아니다. 실패한 채로 그것은 인간의 의식과 역사 속에서 다시 살아날 날을 기다리는 공룡뼈와 같다. 인간에게는 자신의 이익을 지켜 생존하려는 본능과 함께 부당한, 정의롭지 않은 세상을 바꾸고자 하는 열망이 유전자로 존재한다고 본다. 그것은 인간이 자신의 배를 채운 뒤에는 지그시 눈을 감고 자족하는 포유류만은 아니기 때문이다. 역사의 비극이 되풀이되지 않기 위해서는 악이 스스로의 잘못을 인정하고 물러나야 하겠지만, 그것이 몹시 어려운 일이라는 것을 우리는 모두 잘 알고 있다. 다만, 특정 개인들이나 소수 집단의 이익에 의존하지 않는, 보편적인 진실과 정의에 대한 깊은 고민만이 인간사회를 구원할 수 있을 것이라고 곰곰 생각해 본다.

나는 잘못 생겨났다

　시인을 일컫는 말 중에 '국내 망명자'라는 멋진 표현이 있다. 이 말에는 깊은 함의가 들어있는데, 시인과 세상의 관계를 '잠수함과 토끼'의 메타포로 보는 것이다. 잠수함 내의 공기가 승무원들의 생존에 적합한지를 토끼가 알려준다는 일화에서 볼 수 있는, 시인이 살고 있는 사회와 시대가 과연 인간의 삶에 바람직한지를 감지한다는 의미이다. 이런 시인들은 필연적으로 그가 속한 시공과 불화하여, 세속의 눈으로 보자면 껄끄러운, 평이하지 않은 삶을 살 공산이 크다. 시인이 아니더라도 세상과 불화하는 사람들을 우리는 종종 역사에서 발견할 수 있다. 『홍길동』의 저자인 허균이 그러했다. 왕정 하에서는 꿈도 꿀 수 없는 근대적 개념인 만인 평등이나 사상의 자유를 주장한 듯한 그의 생각이 성리학을 유일 이념으로 받들여졌던 조선조와 조화될 수 없었다. 카톨릭 교회의 권위에 도전하여 화형당한 보헤미아의 얀 후스도 그런 이단아였다. 일제 강점기와 해방 전후기의 예술가들은 대부분 불행한 삶을 살았다. 김소월이 그러했고, 윤동주, 이중섭도 비극적인 생을 마감했었다. 그런데 이들의 작품들에서는 생활에 대한 불평이나, 세상이 알아주지 않음에 대한 불만을 별로 찾아볼 수 없다(이중섭을 알게 된 것은 학부 (아마도 신입생) 시절 고은 시인의 『이중섭 평전』을 통해서였다. 전후 예술인들의 궁핍한 삶을 은박지 그림들이 웅변적으로 생생히 보여 준다. 그 지옥 같은 세상에서도 이중섭의 은지화에는 벌거벗은 아이들과 물고기들이 천진하게 뒤엉켜 있다). 물질적으로 만족스러운 삶을 살 수 없다는 사실을 예술가의 운명으로 받아들였던 것일까? 아마도 이들은 예술가가 되기로 결심했던 '비극적' 책임을 기꺼이 짊어지겠다고 생각했는지 모르겠다.

 시인이 되기 이전의 나의 선입견에 따르자면 예술가들은 좀 괴팍하고 실생활에 몹시 어두우며, 인간관계가 까칠하고 세상에 대한 불만으로 가득한 사람들이다. 그러한 시인들은 많다. 하지만 내가 만나본 시인들 중에서 '국내 망명자'라고 할 수 있는 사람들은 극히 일부분이었다. 어떤 이들은 일부러 시인의 신분을 내세우고자 기행을 일삼기도 한다. 더러는 빈곤한 삶과 불확실한 미래에 대하여 개인적인 토로를 통하여 또는 작품 속에서 불평하곤 했다. 시인으로서의 삶은 확실히 고통스러운 것이다. 시집 한 권을 낼 때까지의 그 끔찍한 어려움과 희생을 어찌 모르랴. 그러나 요즘 시대에 그 책을 읽는 사람들은 극소수일 것이다. 그 운명은 스스로 택한 것이다. 누구도 그에게 시인이 되라고 명한 적은 없으며, 특히 '전업 시인'이 되기를 강제한 바도 없다. 시를 쓰면서 다른 직업을 가지지 말 것을 누가 권고하겠는가? 오히려 시 쓰기와는 다른 세속적인 작업을 통하여 얻은 귀한 체험들이 시의 자양분이 될 수도 있지 않을까? 일평생 시에 매달렸던 라이너 마리아 릴케는 어떻게 경제적인 문제를 해결했을까? 19세기의 많은 음악가들과 마찬가지로 릴케는 후원자들의 도움에 의존했었다. 그 결과 많은 명시들을 남긴 것이겠다. 그러나 릴케가 지금의 시인들의 모범이 될 수는 없을지 모르겠다. 요즘에는 시인들이 너무나 많다. 그 많은 시인들을 누가 후원하겠는가?

  시인을 '국내 망명자'로 부르는 것은 그가 경제적으로 빈곤하고, 기행을 일삼고, 사회에 부적응하기 때문은 아닐 것이다. 세상이 결여하고 있는 고귀한 정신을 품은 채로, 그가 살아가고 있는 시대와 정면으로 맞서는 태도를 말하는 것이겠다. 흔히 말하는 '시대와의 불화'가 국내 망명자의 '특질'일 수가 있겠다. 시인이 진실로 '시대와의 불화'를 말하려면 시대가 결여하고 있는, 인간이 인간다운 삶을 살 수 있게 하는 멋진 이상과 그곳을 향한 불굴의 정신이 동반되어야 할 것이다. 이는 이 나라의 찌질하면서도 폭압적인 정치와 극히 수구적인 유교이념뿐만이 아닌, 인간의 바람직한 삶을 방해하는 모든 장애물에 대한 투쟁일 것이다.

    갈 봄 여름 없이, 처형받은 세월이었지
    축제도 화환도 없는 세월이었지
    그 세월 미쳐 날뛰고 맹목의 세례식—

    개나리꽃 옆에서 우리는
    물벼락 맞았지 진달래꽃 앞에서
    눈물 벼락 맞고, 우리는 國籍을 잃고
    우리는 이데올로기의 色盲이 되고
    자욱한 연기, 질식할 것 같은 철쭉꽃 뒤에서
    몰지각한 망상주의자

망상주의자였지 우리는, 연방 기침하면서 불순한 사대주의자,
위험한 이상주의자였지 손 한번 들어 올리지 못하고
소리 한 번 못 지르고 우리는,
한 다발 두 다발 문밖으로 들려 나가는 모습들을
'느린 그림'으로 지켜보는
들뜬 회의주의자, 혼수상태의 세월이었지
　　　　　　　－ 황지우, 「대답 없는 날들을 위하여 2」 전문

　불행하게도 내가 만난 많은 시인들에게서는 이러한 모습을 별로 볼 수가 없었다. 대부분의 그들은 그저 빈곤한 생활과, 세상이 알아주지 않음에 대한 불만을 토로할 뿐, 세상이 어디로 나아가야 할지에 대한 지향이 약했다. 당대에 또는 미래에 작은 흔적을 남기기 위하여 동원 가능한 모든 인간관계와 연줄을 찾아 헤매고 있을 뿐. 그들 중 일부는 자신들이 구축한 인맥을 다스려 돈과 권세를 누리려 몸부림치고 있을 뿐.
　자신이 속한 사회와 문화를 떠나 전혀 새로운 시공을 찾아 나서는 이들이 있다. 서양의 합리주의적, 개인주의적 풍토에 환멸을 느껴 동양의 사상과 사회를 찾는 서양인, 예를 들면 매스컴에 종종 등장했던 푸른 눈의 승려 현각 스님이 대표적으로 그러한 분이겠다(이 스님은 여러 이유로 현재는 조계종을 떠난 것으로 알려져 있다). 이와는 반대로, 본국의 유교 문화와 집단주의, 불공정과 비이성적 정치풍토에 질려서 서양사회를 택하는 한국인들도 존재한다. 홍성 태생의 화가 이응노 화백이 그런 예에 속할 것이다. 동백림사건에 연루되어 국내에서 몇 년을 복역한 그의 무덤을 나는 빠리 동쪽에 위치한 공동묘지로 찾아갔었다. 이들은 모두 국내 망명자의 신분을 넘어서 아예 '망명'한 경우라 하겠다. 이들의 망명이 많은 고뇌 끝에 결행되었고, 그 과정이 굳건한 용기를 필요로 했음은 당연했을

것이다.

자신의 시대와 사회(국가)의 풍토에 절망하고 (비록 환상일지라도) 이상향을 찾아 나서는 사람들의 삶은 필연적으로 고통으로 가득할 것이다. 매우 운이 좋아 당대의 인정을 받고 부와 유명세를 누리는 예술가가 있기는 하다. 인상파 화가인 모네가 그러한 예일 것이다. 동료들이 무명의 고통 속으로 사라진 후에도 모네가 명성 속에서 살아남은 이유는, 그가 오래 살았기 때문이다. 40대 초에 사망한 프란츠 카프카는 생시에 거의 무명의 작가였음은 잘 알려져 있다. 진실로 위대한 예술가는 자신에 대한 당대의 평가에 귀를 기울일 필요가 없을지 모르겠다. 시대가 예술가의 전위적인 작업을 이해하지 못하는 경우가 너무도 흔한 까닭이다. 그러나 말하기는 쉽지만, 이는 참으로 어려운 일이다.

누가 나를 이곳에 태어나도록 명령했을까? 물론 그것이 나의 자의에 의한 것은 아니다. 사르트르식으로 말하자면 나는 이곳에 '내던져진' 것이다. 대부분의 사람들은 자신이 태어난 곳에 잘 적응하며 성장한다. 삶의 궁극적인 의미는 누구도 모르지만, 대개는 세속적인 목표를 따라 모든 노력을 바친다. 그것은 전혀 이상한 일이 아니다. 하지만 나에게 약간의 용기가 더 있었다면 나는 아마도 이곳을 박차고 나가 유럽으로 이주했을 것 같다. 나에게 무슨 이상향이나 고귀한 이념이 있었던 것은 아니다. 나는 어린 시절부터 본국의 유교적 풍토가 혐오스러웠고, 이 시대착오적인 사조가 20세기 초에 결국 일본에 의하여 짓밟히게 된 이유임을 조선사를 통하여 치욕적으로 알게 되었다(이는 현재진행형이다. 최근 강제징용을 비롯한 과거사 문제 제기에 대하여 일본이 취한 무역보복에, 당장 대한민국의 대통령이 일본 총리 앞에 무릎 꿇고 사죄해야 한다고 촉구하는, 이 나라의 극히 찌질한 자칭 지도자들을 보라. 이들에게는 반도체 원료와 부품을 국산화하여 문제를 해결할 수 있다는 발상 자체가 불가능하다. 철저하게 노예근성에 물든 자들. 그리고 모든 문제를 '관계'로만 해결하려는, 자연과학과 공학에 전혀 무지한 전근대적 퇴물들. 모르면 아는 이들에게 물어보든지!). 이 나라에서 별로 배울 것이 없다고 느꼈기에 유학을 떠났고, 바다 건너에서 바라보며 본국의 좁음과 얕음을 실감했었다. 그러니 나는 태어났을 때부터 '국내 망명자'가 되고자 했던가? 나의 시와 산문에 대한 어느 평론가의 "세상을 보는 눈이 우리와는 근본적으로 다른 듯하다"라는 견해는, 아마도 내가 못 말리는 '서양주의자'이기 때문일 것이다. 이는 무라카미 하루키가 의식적으로 일본의 고전들을 읽지 않았던 사실에 연결될지도 모르겠다.

얼마나 오래 항명 중이었던가? 양 손목을 죄어오는 운명의 악력을 거부한 적도 인정한 적도 없다. 다만 시간이 부족해질 때가 오고야 말 것이니.

탈피동물에 철갑의 옷을 입히는 실험을 실행한 적이 있는지? 나의 노트에는 〈자진하여 장렬하게 개미들의 먹이가 되었음〉이라고 적혀 있다.

아주 먼 도서관의 작은 뜰에서 꽃잎 위를 일렁이는 파문들을 살피고 있다. 나에게 말을 걸어오던 네 양산의 둥근 무늬들이 나무 그늘 아래를 서성이고 있다.

내디딜 한 뼘의 땅도 없는 목성의 표면을 유영하는 돌개바람처럼 팔을 휘두르며 나비가 화면 안으로 입장한다. 끝없이 형상을 이루려는 별자리들의 노고를 이제는 믿는지?

말없이 서가에 서 있는 책들과 붕붕거리는 차량들의 흐린 시선. 요즘 자주 눈이 어두운 것들을 사랑하게 되는구나.

묵묵한 도서관의 기둥들과 그저 비추기만 하는 유리창들. 처음부터 세상을 바꾸려 하지 않았던 것들은 순리를 거역할 필요가 없을 테니

벌거숭이 도시빈민의 후예가 대학자의 꿈을 꾼 대역죄는 어떠했는가? 결국 순수하게 존재하는 건 목덜미에 내리꽂히는 증오뿐이 아니었는지? 나의 열망은 많은 이들을 상하게 했으므로

견딜 수 없는 고독과 오랜 부정맥 후에 시인이 된 사연을 너는 짐작했을 것. 그러나 그것이 또 다른 항명이었음을 알아채었는지?

이 낮은 뜰 구석에 우두커니 서 있는 플라타너스의 꽃말이 용서인가? 그렇다면 용서와 운명은 어떻게 손을 잡는가? 나는 알지 못한다, 내가 버린 이들이 회한 속으로 돌아올 수 있을지.

나의 검은 푸념에 귀 기울인 후 옥상에서 투신한 젊은이가 있었다. 이제는 나를 용서하는가? 용서와 나의 항명은 비극으로만 만나는가?

눈물과 기억과 분노, 이생은 결국 통속의 시간 속으로 사라져 가는 것, 내가 떠나도 죄 많은 피부세포들은 한동안 이곳의 토양을 침해할 것이니.

이제 곧 저녁이 내리고, 전령들을 떠나보낸 수국은 깊은 몽상에 빠진다. 그곳은 어떠한가? 너는 하루 종일 옥죄던 통증을 풀며 이제 붉은 베일이 내려앉는 거리로 나서는가?

대기를 가득 채운 에테르의 유혹과 악착같이 따라붙는 그림자를 떼어
낼 꿈을 꾸며 도리질하는, 불멸의 가위를 품고 불빛 속으로 들어가는가?
- 「낙원에서의 두 번째 에피소드」 전문

그간의 나의 삶은 어떠했던가? 경제적으로나 사회적인 배경의 면에서 '극빈자'였던 나에게 주어진 길은 오직 실력으로 승부하는 것뿐이었다. 나의 능력과 노력으로 인생의 승부를 걸자는 생각은 나를 (인간관계와 간판과 연줄이 중요한) 문과가 아닌 자연과학으로 내몰았다. 여건이 형편없이 부족한 환경에서 지독한 고생 끝에 일정한 학문적 성과를 이루기는 했지만, 그 과정에서 나의 심신은 철저하게 망가졌다. 도시빈민의 자손이 일류 학자가 되겠다는 꿈을 이루는 과정은 참으로 험난했고, 그 과정에서 많은 상처를 입었다. 그 상처들이 내 시의 자양분이 되었으리라. '실력으로 승부한다'는 개념이 이 나라에서는 외계인의 환상이라는 사실을 나는 이내 깨달았다. 그나마 나의 이 무모한 생각을 펼칠 곳은 여기가 아니라 유럽이나 물 건너 미국쯤이었겠다는 비극적인 사실을. (하지만 상상해 보자, 18세기 미국의 흑인이 일류작가가 되어 퓰리처상을 받게 될 확률이 얼마일지를. 이는 자연과학자인 내가 처한, 이 나라 시단에서의 처지를 가늠하기에 가장 적당한 메타포일 듯하다.) 그러니 어문학 근처에도 가보지 못했던 내가 고매한 문학론을 펼치거나, '산은 산이요, 물은 물' 식의 허세를 부리려, 또는 조선조 사대부의 팔자 걸음걸이로 폼을 잡으려 시인이 된 것은 아니다. 나는 개인적인 체험에 근거한 내 삶의 이야기를 통하여 지독하게 불공정하고 살벌하고 피폐한, 편견과 모략과 살의가 횡행하는 세상과, 인간의 내부에 도사린 허욕과 야수성에 대하여 말하고자 시인이 되었다. 누구를 기분 좋게 만들기 위해서가 아니라(나의 출신과 신상으로 인해 누군가 기분 나쁘다면 그 사람의 사정이겠으니), 이 세계의 뿌리 깊

은 문제점들에 기반한 〈거대담론〉을 말하고 싶은 욕구 때문에 시인이 되었기에. 그러하니, 나의 글들에 가시가 박혀 있음은 어쩔 수 없는 일. 물론, 인간관계와 간판과 연줄이 중요한 시판에서 내가 소외되어 결국 실패한 것은 지극히 논리적인 결말이겠다. 하여, 나는 글재주가 좋은 자들이 펜 끝으로 자아내는 눈부신 테크닉보다는, 세계의 비극성을 인식한 자의 서툰 글을 더 사랑한다. F. 니체의 깊은 통찰처럼, "무서운 깊이 없이 아름다운 표면은 없"기에.

학위를 마친 후 서양사회에 남아 인생의 승부를 걸 생각을 품지 못한 것은 물론 용기와 인내가 없었기 때문이다. 박사과정에서 너무나 고생을 하여, 그곳에 남을 결심을 세우지 못했기 때문. 그리고 그 사회에서 겪어내어야 할 인종적인 편견을 이겨낼 자신이 없었기 때문. 그러면 나는 본국에서 잠수함 속 토끼의 역할을 미미하게나마 수행했는가? 그러기에는 나의 능력이 너무나 미미하여, 개인이 세상을 조금도 바꿀 수 없다는 진실을 이제는 받아들이고자 한다. 불합리하고, 불공정하고, 비인간적인 문화를 어떻게 개인이 변화시키겠는가? 나의 시와 산문은 그저 동굴 안에 메아리치는 독백에 불과하다. 다만, 아마도 나는 태어날 때부터 못 말리는 유럽주의자인 듯하다. 그러니 어쩌랴, 아직도 실력과 본질이 아닌, 배경과 간판과 연줄로 사람을 평가하는 본국의 끔찍한 풍토에 투덜거리는 나는, 신의 실수로 이 나라에 잘못 태어난 듯하다. 유럽을 떠돌며 느끼는 짙은 행복과 희미한 희망, 오래전 체코의 수도원에 머물며 느꼈던 그 기이한 기시감이 이 나라에서 살아가는 나의 불행과 행복의 원천인 셈이다. 그것이 또한 내 시의 샘물이기도 하다.

체코의 남부 시골 마을 노베 흐라디의 황폐한 기차역에 내렸을 때, 기묘한 기시감에 사로잡혔다. 역사의 벽을 가득 채운 그라피티를 제외하면 왠지 그곳의 모든 사물들이 친숙하였다.

오스트리아행 마차를 기다리며 마을 소녀에게 두런두런 말을 건네던 희미한 기억이라든가, 새로운 필사본을 보내던 설렘의 순간들과 같은.

그 며칠 동안 몇 명의 전령들이 스쳐 갔다. 길을 잘못 들어 수도원과 반대 방향으로 뚜벅뚜벅 걸어가던 내 앞에 홀연히 나타난, 천사를 닮은 소년과 – 길 위에서 세 번이나 마주친 미상의 여인.

수도원 근처의 버스정거장에서 어슬렁거리며 나의 영어를 알아듣지 못한 그녀를, 나는 다음날 체스키 크르믈로프 성으로 떠나는 관광버스 창밖에서 다시 보았다. 그 여자는 늦가을의 빗줄기 속에서 이빨을 딱딱거리고 있었다.

중세의 형상을 그대로 간직한 수도원은 모텔조차 없는 궁벽한 마을의 유일한 숙소였다. 나는 3층의 객실에서 마을을 내다보며 정오의 종소리와 함께 깊은 명상에 잠기곤 했다.

세 번째 날, 홀에서 늦은 저녁식사를 마친 후 뒤편 복도 끝에 걸린, 옆구리에서 피를 철철 흘리는 예수의 초상을 마주하자 모든 것이 일시에 분명해졌다.

나는 소박한 삶을 살다가 소멸된 후 수많은 평행세계를 거친 끝에, 누군가의 운명과 교차하여 극동의 나라 서울 성수동에 잘못 태어난 것이다.

생겨난 순간부터 어찌하여 본국의 유교문화를 그토록 혐오했었는지. 외톨이 국내 망명자가 되어 고통스러운 삶을 살아왔는지를, 그 순간 모든 것이 이해되었다.

〈

　지난 가을날, 노래방에서 취한 누군가가 배리 매닐로우의 〈시월이 가면〉을 엉망으로 불렀을 때 왜 불현듯 유럽여행을 꿈꾸며 소름이 돋았는지.

　아파트 단지에 끊임없이 울려 퍼지는 당일배송 이륜차들의 소음에 질식했는지, 지긋지긋한 본국 정치인들의 악다구니에 질려 뉴스를 끊게 되었는지를.

　나는 기도와 노동과 내세에 대한 열망으로 가득한, 단순하며 행복한 삶을 살던 중세 보헤미아의 수도사이자 연금술사였던 것. 한밤중에는 몰래 외출하여 가난한 농부의 종부성사를 치르기도 했다.

　불과 얼음의 신비에 매혹된, 때때로 몰두한 연금술 연구는 이생에서의 유일한 일탈이었다 – 최초로 인의 푸르스름한 빛을 발견한 기록은 사후에 말소되었다.

　기억, 기억들, 내 온몸에 피어나는 중세의 서리꽃들, 처마 밖으로 쏟아져 내리는 빗방울들의 그레고리오 성가. 그리고 부활절 아침 식탁 위, 훗날 혁명의 씨앗이었던 정갈한 계란들.

　수도원의 작은 정원에 피어오르는 중세의 희망들과 작별한 후

　프라하로 향하는 기차에서 세 번째 만난 여자 전령이 무심한 표정으로 체스키 부데요비치에 내렸을 때

　누군가의 발목을 배회하는 시간의 숨결에 감광되어 붉어진 내 영혼의 뺨을 투명한 차창에 기대었다.
　　　　　　　－「중세의 가을」*(요한 하위징아의 책 제목을 가져옴) 전문

고독을 발명하다[1]

지난여름에는 유럽의 여러 나라를 돌아다니며 사랑하는 예술가들의 자취를 따라가 보았다. 빈센트 반 고흐(그의 고국인 네덜란드 발음으로는 판 호흐라 한다)에 대해서는 너무 많이 알려져 있기에 일견 친숙한 면이 있지만, 나는 그가 명작들을 제작했던 현장들을 보고 싶었다. 고흐의 몽마르뜨 집과 묘지는 그전에 이미 다녀왔기에, 이번 여행에서는 고흐의 활동이 가장 풍성했던 프랑스 남부의 아를르와, 1년 이상 입원했었던 생 레미 수도원을 가보고자 하였다. 그의 극단적으로 작열했던 삶과 함께, 새삼 '고독'에 대하여 깊이 생각할 수 있었던 여행이었다. 고흐가 아를르에서 화가들의 공동체를 꿈꾸며 고갱을 그곳으로 초대한 사실은 잘 알려져 있다. 몇 달 후에 고갱과 의견의 차이를 보이며 자신의 귀를 자른 사건은 너무나 유명하다. 고흐에게 고갱은 친구였을까? 아니면 동료였을까? 고

---

[1] 폴 오스터의 『The invention of solitude』를 차용함.

흐에게 그의 동생을 제외한, 절친이라는 존재가 있었을까?

> 이 층 그대의 방에는 철제 침대와
> 낡은 대형 트렁크 하나 의자 세 개
> 그리고 그대가 내다보던 창문의
> 창살 밖으로 커다란 후원이 펼치고
> 그대의 몸피가 서 있던 그곳에서
> 푸석하게 갈라진 창틀에 기대어
> 담장으로 둘러싸인 꽃밭과 나무들과
> 풍경을 흔드는 바람의 손매를 본다
> 왜 그토록 미친 듯이 몰입했던가?
> 조금의 낭비도 없이 그렇게 몰아갔던가?
> 이 진부하고 통속한 세상을 통째로 거부한
> 그러한 삶이 가능하다고 생각했던가?
> 도저히 육신이 견딜 수 있는 삶이었던가?
> 〈애초에 풀이었다고 사람들이 믿더라도
> 밀은 밀인 것이다〉라는 생각이
> 그대의 유일한 위안이었던가?
>
> ―「생 레미에서 보내는 편지」 부분

가장 독창적인 산물을 역사에 남긴 천재들의 인생의 공통점은 대부분 몹시 고독했다는 것이다. 뉴턴, 고흐, 베토벤, 또는 카프카에게는 몇 명의 친구들이 있었을까? (카프카에게는 그의 사후에 작품들을 모아서 출간해 준 친구 막스 브로트가 있었다.) 그들의 생을 깊이 연구한 바는 없지만, 내가 아는 바로는 이들은 매우 고독하고 거의 유폐된 생을 살았다. 뛰어난 창조성을 가진 사람들이 흔히 그렇듯, 이들의 개성이 그리 '사교적'이지는 않았을 것이다. 어쩌면 평범한 생을 살기에는 이들이 괴팍했을 수도 있겠다. 또한, 자신의 세계에 너무 깊이 빠져서 인간관계를 만들 여유가 없었을지도 모르겠다. 초현실적 작품들로 유명한 살바도르 달리는 예외였을까? 그러나 나는 이 사람의 그림이 별로 독창적이지도 않고, 지나친 포즈와 과장에 넘친다는 편견을 갖고 있다.

친구와 모임과 대화를 사랑하는 평범한 사람들의 생을 폄하하고 싶은 생각은 조금도 없다. 천재들의 창조성은 그 자체로 높이 평가되어야 하겠지만, 천재들의 독특한 삶이 그 자체로는 불가능하다는 것은 자명하다. 그들의 독창적인 작업이 가능했던 이유는 평범한 사람들의 비범하지 않은 노동 때문이다. 농부들의 땀이 없다면 누가 어떻게 생명을 유지할 수 있겠는가? 직물공들의 고된 작업이 아니면 어떻게 의생활을 영위하겠는가? 하지만, 이 평범한 사람들의 생활이 나아지고, 이들이 짐승이 아닌, 문명의 옷을 입은 '인간'의 형상을 누리는 많은 이유는 이러한 천재들 때문임을 또한 부정할 수 없을 것이다. (나는 아침에 옷을 입으며 늘 생각한다. 어떻게 면화나 누에고치나 합성섬유로부터 멋진 색깔과 무늬의 옷을 직조할 수 있는지? 이는 필히 방직기계를 발명한 천재들의 산물이다.) 요는, 평범한 사람들의 노고가 현실의 삶을 지탱한다면, 소수 천재들의 창조적인 작업은 현재보다 더 나은 미래를 기약할 수 있는 것이다.

나는 또한, 사회적 변화를 일으키기 위한 시민들의 자발적인 연대를 부정하는 것도 아니다. 2016년의 촛불혁명을 누가 지시한 것이 아니다. 부정한 정치를 바꾸고자 하는 시민 개인들의 열망이 스스로 모여 거대한 사회변혁을 이룬 것이다. 그러니 이 자발적이고 또한 생산적인 '행복한 사건'은, '모여서 지지고 볶는' 경우(예를 들면 나의 첫 직장이었던 어느 연구소에서 내가 관찰했던, 특정 대학 출신들이 한 달에 한 번씩 친목모임을 가지는 사례; 이들에게는 물론 모자란 실력을 인간관계 또는 연줄로 보충하려는 정치적인 목적이 있었음을 기억한다)에 전혀 해당하지 않는다.

 그러하면 나는 점점 고독의 예찬론자가 되어 가고 있는 것일까? 유럽의 나라들을 돌아다니며 내가 고독에 대하여 생각하게 된 이유는, 이 나라들과 본국의 문화적 분위기를 비교하고자 하였기 때문이기도 하다. 왜 우리는 고독을 그렇게도 두려워하는가? 자신의 일에 빠져 하루를 보낸 후 저녁 식사를 홀로 해결하는 '혼밥'이 우리에게는 왜 낯선가? 가령, 스탠드바에서 '혼술'을 마시며 노래 부르는 사람을 우리는 왜 기피하게 되는가? (이런 사람을 우리는 대개 정신적인 문제가 있는 것으로 생각한다.)

  나뭇잎 한 바구니나 화장품 같은 게 먹고 싶다

  그러니까…… 말들은 무엇 하려 했던가
  유리창처럼 멈춰 서는 자책의 자객, 자객들……
  한낮의 복면 속에 웅크리고 누워 꽃나무들에게 사과한다
  지난 저녁의 내 모든 발소리와 입술을,
  그 얕은 신분을
  외로움에 성실하지 못했던,
  미안하다 그게 실은 내 본성인가

  아무래도
  책상 밑이나 신발장 속 같은
  좀 더 깊은 데 들어가 자야겠다
  그러한 동안 그대여 나를 버려다오 아무래도 그게
  그나마 아름답겠으니

―김경미, 「술을 많이 마신 다음 날은」 전문

　미국에서 박사과정을 마치고 귀국하여, 교편을 잡은 후에 내가 꽤나 고뇌하던 문제가 바로 식사였다. 그 당시 교수들은 (다른 학과에 소속된 교수들이) 점심식사를 늘 함께했고, 심지어는 일주일에 몇 번씩이나 퇴근 후의 저녁식사를 식당이나 술집에서 함께 가졌다. 처음에는 어쩔 수 없이 이 분위기에 따랐지만, 시간이 지나며 이러한 상황은 점점 고통이 되어 갔다. 사실은 식사나 술을 함께 하는 시간이 전혀 생산적이지도 않았고, 재미는 물론 없었고, 그저 시간 낭비에 불과하다는 느낌을 지울 수 없게 된 것이다. 더 기이한 장면은, 그런 자리에서 어울리다 보면 반드시 갈등과 싸움이 발생한다는 것이다. 왜 이런 비생산적이고도 피곤한 자리를 만드는 사람들이 이 나라에는 그렇게 많을까? 나의 관찰에 의하면 미국 대학의 교수들은 점심을 모두 혼밥으로 '때운다'. 함께 술자리를 갖는 경우는 사실상 없다. 일반 직장에서도 이는 크게 다르지 않아, 일과 후 함께 술을 즐기는 경우는 거의 없다. 그들은 그저 자기가 맡은 일을 충실히 하고, 자신의 실력을 계발하고, 좋아하는 취미생활과 가정생활을 영위할 뿐이다. 그러하니, 그들은 직장에서 쓸모없는 인간관계 때문에 고통받는 일이 상대적으로 훨씬 적다.

　직장생활 중의 마지막 30년 동안 나는 직장에서의 점심식사를 혼밥으로 해결했다. 직장 동료들이 나이별로 30대, 40대, 50~60대 모임을 만들어서 회장을 뽑고, 총무를 선출하여 '화기애애'하게 어울리는 동안, 나는 단 한 번도 이들의 모임에 참석한 적이 없다. 나는 그러한 결정에 동의한 적이 없기 때문이다. 그럴 때에 늘상 나의 뒤통수에서 들리는 말은 '독불장군'이니, '혼자 잘난 녀석'이니 하는 푸념들이었다. (사실은 이 때문에 실질적인 손해를 본 경험도 꽤 많다.) 왜 이 무용한 모임들을 만들어서 시간과 정력을 소비할까? (당시의 교수들은 시간은 너무 많고 할 일은 별로 없었기 때문임을 나는 회상한다.) 이 나라의 많은 직장에서 사람들을 가장 괴롭히는 것이 인간관계라는 사실을 왜 외면하는 것일까? 전혀 생산적이지 않은 모임들을 만드는 비생산적인 문화 속에서 별로 업무와 관계없는 인간관계 때문에 괴로워하는 악순환을 왜 끊지 못할까?

    유학에서 돌아와 자연과학 교수로 지방캠퍼스에 부임. 그러나 미국의 명문대학 이학박사인 A의 눈에는 동료들이 모두 잔챙이로 보여, 이후 30년간을 스스로 외톨이가 되었다. 그들과 어울리면 결국 쭉정이가 되는 길 밖에 보이지 않았으므로.

    21세기가 열리고, A는 학회의 학술상을 받았다. 그러나 그 사이 몸과 마음은 철저히 망가져 마지막 수단으로 시인이 되었다. 어디에선가 읽은, 문학의 놀라운 치유능력에 기대려.

    18년 동안 시인으로 고군분투한 A는 그 바닥에서 결국 인간관계와 간판, 연줄에 좌절. 모든 인연을 끊고 다시 면벽에 들어갔다. 아수라장을 빠져나온 그는 놀랍게도 마음의 평안을 얻었다.

                                                            - 「독한 인간」 부분

나는 이러한 집단적인 문화를 끔찍하게 혐오했다. 친분관계 중심의 문화적 분위기는 바람직하지 않다고 보았다. 왜 그런가? 사람을 평가할 때에 개인의 능력이나 인성보다 '관계'가 더 중요해지기 때문이다. 이렇게 되면 필히 정실주의와 연고주의가 성행하게 되기 때문이다(많은 예를 들 수 있겠지만, 법조계의 서울법대 동문들이나 군사 부문의 사관학교 출신들을 보라. 동일하고 유일한 경로를 거친 사람들이 뭉쳐서 무슨 마피아를 이루는 것은 지극히 당연한 현상이다). 어떤 사람이 유능한지, 훌륭한지보다는 나와 친한지, 아니면 나의 적인지가 훨씬 더 중요하게 되는 것이다. 이런 현상을 우리는 이 사회에서 무수히 보아왔으며, 이는 창의적인 개인의 능력이 묻혀버리는, 몹시 불공정하고 불합리한 시스템을 낳기 마련이다. (시인들을 포함한) 지적인 일에 종사하는 많은 사람들이 (나에게는) 놀랍게도 극히 정치외교적인 경우가 참으로 빈번한 것이다. 서양사회에서는 바람직하지 않은 풍토인 것으로 (어쩔 수 없는 필요악쯤인 것으로) 평가되고 있는 반면, 이 나라에 극도로 만연한 이 구시대적인 '정치논리'를 어찌할 것인가? 물론, 자생적인 친분관계 또는 생산적인 일을 위한 관계마저 부정하고 싶은 생각은 전혀 없다. 직장이나 시단에서 철저한 외톨이였던 나에게도 몇 명의 오랜 술친구들과, 공동연구에 참여한 소수의 동료들이 있었다. 그들은 나의 고독한 작업을 잘 이해하였고, 또한 서로 실질적인 도움을 주었기에 참으로 소중한 관계들이었다.

　나는 자신의 실력을 키우기보다는 이런저런 인간관계를 이용하여 무엇을 해보려는, 무엇이 되어보려는 자들을 이 사회에서 너무나 많이 보아왔다. 이 사회 곳곳에 깔아 놓은 인간관계가 결국 실력이다, 라는 철학을 가진 자들을 너무 흔히 만났다. 수많은 경조사들에서 얼굴을 팔고, 몇몇의 고아들을 입양했다는 보도자료를 언론에 뿌리며 홍보하여 먹고 사는, 연기 실력이나 노래 실력이 형편없는 배우나 가수들처럼, 영악하고 날렵하고 얄삽한 존재들.

　이런저런 이유로 나는 요즘 거의 유폐된 삶을 살고 있다. 그 이유 중의 하나는 인간사회에 대한 환멸이고, 다른 하나는 물론 코로나바이러스다. 강의도 비대면으로 전환되었고 시단에도 거의 발길을 끊었으니, 꽤 고독한 생이라 할 수 있겠다. 그런데도 나는 무척 행복하다. 그동안 어쩔 수 없이 유지해야 했던 인간관계에 쏟아부은 시간을 좋은 책과 좋은 영화, 음악에 전용하니, 삶의 질이 갑자기 향상된 것이다. 내가 사랑해 마지않는 여행을 삼가야 하는 게 큰 고충이기는 하지만. 코로나바이러스 사태는 물론 비극적인 것이다. 미래학자 토머스 프레이는 "인류는 '고립의 길'을 향해 빠르게 달려갈 것"이며, "'인간은 사회적 동물'이라는 명제가 종말을 맞을 것"이라고 예측한다. 이제는 이전의 삶으로 돌아갈 수 없다는 식자들의 견해를 나는 받아들일 준비가 되어 있다. 그러면 이 치명적인 미생물이 우리에게 말하고자 하는 것은 무엇일까? '이제는 각자의 고립된 위치에서 멋진 일을 하도록 노력하여라!'. 이것이 시인이자 화학자인 나에게 이 불행한 사태가 제시하고자 하는 신중한 전언이 아닐까?

지난여름에는 애모하는 예술가의 마지막 거처를 가보았다.
그 또한 육체를 초탈할 수가 없어서
돈이 생기면 암스테르담의 사창가를 찾았지만

작열했던 화가는 그림을 팔 수 있기 전에 요절하여
작품들에게서 세속적 이윤을 취하지는 않았다
그는 운이 몹시 좋았다.

요즘에는 술자리도 모두 끊고
뉴스도 거의 사절한 채로
틈만 나면 석관을 닮은 방안에 유폐되어

오래전 안간힘으로 최후의 유혹을 물리친 끝에
그리하여 기꺼이 시행된 십자가의 처형에 대한

니코스 카잔차키스의 이야기를 읽고 있다.

살점이 모두 풍화되어 표백된 뼈다귀의 평온을 떠올리며
〈타인은 지옥〉이라는 누군가의 푸념과 함께 인간의
인정받고자 하는 욕구*를 결사적으로 억누르는데
웬일인가, 그 피치 못할 본능에 배어있는 고기냄새는.

카잔차키스를 읽으며 집과 직장 사이를 오가는
이 평화가 얼마나 오래 갈지는 모르겠지만
혹시 끝날까지 갈 수도 있을지 몹시 궁금하지만

불투명한 기후에도 저들이 겉으로는 그토록 화친한 이유가
결국 가련한 육신 때문 아니겠나 하는 짐작에
인간이라는 절망을 간신히 조금 덜어낼 뿐.

* 프랜시스 후쿠야마, 『역사의 종말과 마지막 인간』(1992)

－「독한 인간 － 2」부분